붓다의
신화

ⓒ 동명, 2025

2025년 4월 30일 초판 1쇄 발행

지은이 동명
발행인 박상근(至弘) • 편집인 류지호 • 편집이사 양동민
책임편집 정유리 • 편집 김재호, 양민호, 김소영, 최호승 • 디자인 쿠담디자인
제작 김명환 • 마케팅 김대현, 김대우, 이선호, 류지수 • 관리 윤정안
콘텐츠국 유권준, 김희준
펴낸 곳 불광출판사 (03169) 서울시 종로구 사직로10길 17 인왕빌딩 301호
　　　　대표전화 02) 420-3200 편집부 02) 420-3300 팩시밀리 02) 420-3400
　　　　출판등록 제300-2009-130호(1979. 10. 10.)

ISBN 979-11-7261-163-7 (03220)

값 20,000원

위대한 영웅의 이야기에서 배우는 완벽한 삶의 지혜

붓다의 신화

동명 지음

불광출판사

신화는 역사적인 사실이 아니다. 오늘날에는 대체로 역사적인 사실이 아닌 것을 중요시하지 않는 경향이 있지만, 한때는 역사적인 사실이라 할 수 없는 신화가 세상을 움직이는 주요 동력이었다. 신화로 형성된 종교가 세상을 지배했고, 인간이 인간의 권리를 행사하는 경우에도 보이지 않는 신의 힘을 빌렸다. 지배자들은 민중을 통치하는 권력을 신에게서 빌렸고, 민중들은 힘겨운 삶의 고통을 신화를 통해 이겨냈다. 신화는 권력을 유지해야 하는 지배층에게도 희망이었고, 힘겨운 삶의 고통을 극복해야 하는 피지배층에게도 희망이었다. 신화는 수많은 영웅을 만들었고, 고통받는 민중들에게 신화 속 영웅들은 현실을 이기는, 아니 현실을 잊는 이야기를 제공해 주었다.

우리는 우리에게 전해지는 붓다의 생애에도 수많은 신화가 가득 차 있음을 발견한다. 나도 어린 시절 붓다의 생애를 읽으면서 붓다를 예수와 비슷한 신적인 존재로 생각한 적이 있었다. 그런 인식은 내게 꽤 오래 계속되었는데, 대학원에서 신화를 공부하면서 붓다에 대한 인식도 달리할 수 있었다. 붓다는 우리와 근본적으로는 다를 바 없는 인간이지만, 우리에게는 붓다가 인간 이상이기를 바라는 마음이 가득했고, 그 마음이 결국 붓다를 다양한 신화 속의 주인공으로 만들었음을 확인한 것이다.

붓다의 첫 설법 여행과 열반 여행을 걸어서 체험한 호진 스님은 바로 그 기록인 『성지에서 쓴 편지』(불광출판사, 2015)에서 붓다를 제대로 이해하기 위해서는 붓다의 생애 속에 등장하는 수많은 신화를 걷어내야 한다고 말한다. 그는 붓다가 만약 살아서 우리 곁에 온다면 이상하게 변한 당신의 모습에 놀랄 것이라며, 신화로 포장된 붓다의 생애가 붓다의 진정한 면모를 바르게 이해하는 것을 방해하고 있다고 진단한다. 일리 있는 말이지만, 나는 신화를 일부러 걷어내는 것이 불가능할뿐더러 반드시 그래야 한다고 생각하지도 않는다.

카를 구스타프 융(Carl Gustav Jung)은 신화를 집단적인 꿈이라고 보았다. 한 집단의 공통적인 염원이 신화가 될 수 있다는 뜻이다. 붓다의 신화는 붓다를 바라보는 불자들의 염원을 담고 있으며, 신화화된 붓다의 생애는 민중이 바라는 붓다의 모습을 그리고 있다고 보아야 한다. 그러면 우리는 사실적인 붓다의 생애를 찾아내면서도 신화화된 붓다의 생애를 통해서는 그 신화가 상징하는 바를 읽어내는 것이 필요하다.

붓다의 신화는 신이(神異)한 탄생, 원력(願力)을 세운 성장기, 길 떠나기, 수련기, 영웅의 탄생이라 할 수 있는 깨달음, 영웅의 활동이라 할 수 있는 교화 활동, 강력한 적 데와닷따의 등장과 극복, 영웅적인 마무리인 반열반 등의 구조로 이루어진다. 이러한 서사 구조는 할리우드 영화가 만들어 내는 영웅 이야기와 유사하다. 할리우드 영화가 비슷한 영웅을 끊임없이 만들어 내는 이유는 사람들이 악당을 물리치는 강력한 영웅을 끊임없이 꿈꾸고 있기 때문이다. 그럼에도 우리는 할리우드의 영웅이 근본적으로 한계가 있음을 확인하게 되는데, 그것은 영웅이 발전하는 만큼 악당도 발전해 가기 때문이다. 할리우드의 영웅은 강력한 악당이 있어서 탄생하는 것이다. 붓다의 신화는 외부에 강력한 악당이 있어서라기보다는 우리의 내면에 있는 악당 덕분에 탄생했다고 보아야 한다. 다시 말해서 우리는 붓다의 신화를 통해 내면의 악당을 물리치는 방법을 찾아야 하는 것이다.

내면의 악당을 물리치는 방법을 나는 일곱 가지로 정리해 본다. 첫째, 원력을 굳건하게 세워라. 둘째, 모험하고 도전하는 데 주저하지 말라. 셋째, 아무리 좋은 것일지라도 안주하지 말라. 넷째, 항상 성실하라. 다섯째, 항상 자비심을 잃지 말라. 여섯째, 내려놓음을 실천하라. 일곱째, 알아차림을 실천하라.

붓다의 신화 속에서 내면의 악당을 물리치는 이 일곱 가지

방법을 우리가 완벽하게 터득한다면, 붓다의 신화는 붓다를 이해하는 데 독이 되는 것이 아니라, 붓다의 가르침을 실천하는 데 꼭 필요한 약이 되는 셈이다.

이 책에 등장하는 스물아홉 가지 이야기는 모두 위 일곱 가지 교훈과 통한다. 신화가 아닐지라도 붓다의 생애를 통해 위 일곱 가지 교훈을 그대로 도출할 수도 있을 것이다. 그러나 붓다의 신화는 위 일곱 가지 교훈을 더욱 명료하게 제시해 줄 뿐만 아니라 교훈 이상의 재미와 의미를 선사한다. 이 책은 그 재미와 의미를 화려하고 정교하게 펼쳐 놓지는 못했고, 붓다의 신화를 에피소드별로 정리해 본 것에 불과하다. 이러한 정리가 붓다의 신화에 대한 의미 있는 작업을 향한 출발이 되기를 기대해 본다.

차
례

붓다의 신화

제 1 부

붓다,
지난한 고뇌의
시간

1 다음 생애를
스스로 선택하다

붓다는 크게 두 가지 면모를 지녔다. 아니, 더 정확하게 말하면 우리는 붓다를 두 갈래로 바라보고 있다. 인간의 차원을 훌쩍 넘어선 '신적인 존재'로 보는가 하면, 인간으로서 모든 생명체가 도달할 수 있는 최고의 경지에 오른 분으로 보기도 한다. 첫 번째 차원의 붓다는 우리가 기도하는 대상이자 우리의 소원을 들어주는 분이고, 두 번째 차원의 붓다는 우리가 수행을 통해 도달하고자 하는 목표에 해당한다.

우리는 어떤 차원의 붓다를 찾아야 하는가? 불교의 훌륭한 용어 중에 '대기설법(對機說法)'이 있다. 그것은 병에 따라 의사의 처방이 다르듯이, 붓다의 법문도 중생의 근기에 따라 내용과 형식이 달라진다는 뜻이다. 붓다가 두 가지 면모로 우리에게 다가오는 것은 대기설법과 같은 맥락으로 볼 수 있다.

지금까지 전해지는 붓다의 생애는 인간의 상식으로는 이해되지 않는 신화적인 이야기가 큰 비중을 차지한다. 붓다는 보통 사람들과는 전혀 다르게 태어나서 보통 사람들과는 전혀 다르게 살고 보통 사람들과는 전혀 다르게 떠났다는 것이며, 그리하여 붓다의 육신은 떠났지만 법신은 영원히 남아 우리를 지켜본다는 것이 붓다 신화의 골자이다.

오늘날에는 신적인 붓다보다는 인간적인 붓다를 찾는 경우가 많아졌다. 수행을 통해 붓다의 경지에 들고자 하는 이들은 스스로 닮아 갈 수 있는 존재로서의 인간적인 붓다를 찾는 것이다. 그들에게는 지금까지 전해지는 신화적인 붓다의 생애가 크게 도움이 되지 않을 뿐만 아니라 오히려 방해가 된다고까지 말한다. 호진 스님 같은 경우는 『성지에서 쓴 편지』(불광출판사, 2015)라는 책에서 "역사적인 부처님의 참모습을 보기 위해서는 신화와 전설을 제거해야 한다. 그렇다. 나의 공격 목표는 신화와 전설이다."라고 말하기도 했다.

신화와 전설을 걷어내고 온전히 역사적인 붓다를 찾는 것도 의미가 있다. 그로 인해 불교의 역사가 더욱 분명해질 것이며, 붓다를 닮아 가기 위한 실천행 또한 더욱 분명해질 것이다. 그러나 나는 붓다의 신화 속에도 우리의 삶이 나아가야 할 방향이 제시되어 있다고 본다. 이 글은 오늘날 과학적이고 합리적인 사고로 무장된 세대를 위해 붓다 신화 속에 담긴 교훈을 찾아내는 것을 목표로 한다.

붓다는 전생을 마치면서 당신이 태어날 곳을 선택했다

많은 사람들이 부모에 대해 불만을 가져 본 적 있을 것이다.

"어머니, 아버지! 왜 나를 낳으셨나요? 낳으셨으면 책임을 져야죠."

이런 푸념 속에는 부모가 자식을 선택했다는 생각이 담겨 있을 것이다. 부모가 자식을 책임져야 한다는 것은 옳지만, 붓다의 신화를 통해 생각해 보건대 자식이 부모를 원망하는 것은 합당하지 않다.

붓다의 신화는 붓다의 전생 이야기부터 시작된다. 붓다의 전생 이야기는 역사적 사실인지를 확인할 수 없는 신화라 할 수 있다. 붓다의 마지막 전생은 도솔천의 조띠빨라[Jotipāla, 護明]보살이다. 여기서 보살은 붓다의 전생을 지칭하는 것이다. 보살이 붓다가 되기 직전 도솔천에서 사는 이유도 신화적이다.

도솔천은 선행을 많이 닦은 이들이 태어나는 세계이다. 그 세계 사람들은 모두 4요자나(yojana)*의 키에 아름답고 빛나는 외모를 가지고 있었다. 생각만 하면 옷과 음식이 눈앞에 나타났고, 그 옷은 가볍고 부드럽기가 잠자리의 날개 같았다. 그들이 함께 어울려 노래하고 춤출 때면 미묘한 음악이 저절로 울려 퍼졌다. 그들은 인간 세계의 사백 년이 단 하루인 그곳에서 사천 년의 수명을 누리며 살았다. 수명 역시 상상이 가지 않는 수치이다.

조띠빨라보살이 도솔천에 태어난 이유는, 도솔천보다 아래 세계인 사왕천이나 도리천·야마천 등에 태어나면 게으름과 욕정이 남아 있어 속박이 너무 두텁고, 이보다 높은 위치인 화락천이나 타화자재천에 태어나면 속박이 너무 얇아 고요한 선정만을 즐기게 되어 중생을 구제하려는 마음이 일어나지 않을 것을 염려했기 때문이다. 결국 보살은 스스로의 의지로 많은 세계 가운데 속박이 두텁지도 얇지도 않은 도솔천을 선택하였고, 도솔천에서 보살행을 펼치다가 인연이 다하자 과거 전생에서부터 세운 서원에 따라 다음 생애는 붓다가 되리라 결심한다.

『대지도론(大智度論)』에 따르면 보살은 붓다로 태어나기 전 인간 세상을 네 가지 관점으로 관찰한다. 첫 번째는 때를 관찰하고, 두 번째는 장소를 관찰하며, 세 번째는 가문을 관찰하고, 네 번째는 어머니를 관찰한다.

때를 관찰하는 것은 석가모니 붓다의 인연에 따라 인간의

♦ 요자나(yojana): 소가 멍에를 메고 하루에 갈 수 있는 거리가 1요자나이니, 그들의 키는 가히 상상 불가이다.

붓다의 신화

수명이 100세인 때를 선택하기 위함이다.✦ 장소를 관찰한다는 것은 붓다들은 늘 중앙 지방을 선택한다는 것을 뜻한다. 그래야 붓다의 가르침이 세상에 골고루 퍼질 수 있기 때문이다. 가문을 관찰한다는 것은 그곳에서 가장 존중받는 가문을 선택한다는 것이다. 이 또한 붓다의 가르침을 널리 전하기 위함이다. 어머니를 선택할 때는 많은 공덕을 쌓은 분으로 단정하고 아름답고 부드러운 분을 찾는다. 그 결과 보살은 사람의 수명이 100세일 때, 수메루(Sumeru) 남쪽 잠부디빠(Jambudipa)의 까삘라왓투(Kapilavatthu)의 숫도다나(Suddhodana)왕의 왕비 마야(Māya)부인을 선택했다.

이러한 신화가 역사적 사실인지를 증명할 길은 없지만, 이 신화가 우리에게 전하는 메시지는 생각해 볼 수 있다. 우리의 다음 생애는 우리가 지은 업(業)에 따라 결정된다고 한다. 업은 의도적인 행위이다. 따라서 우리의 업에 따라 우리가 부모를 선택하는 것이지 부모가 선택하는 것이 아니다. 다만 붓다처럼 선업(善業)을 많이 닦았다면 '원력'에 따라 명료한 상태에서 부모님

✦ 『디가 니까야(Dīgha Nikāya)』 「대전기경(Mahāpadanasutta)」에 따르면 붓다의 수명은 위빳시(Vipassī)불 때 8만세, 시키(Sikhi)불 때 7만 세, 웻사부(Vessabhū)불 때 6만세, 까꾸산다(Kakusandha)불 때 4만 세, 꼬나가마나(Koṇāgamana)불 때 3만 세, 깟사빠(Kassapa)불 때 2만 세, 석가모니불 때 1백 세이다.

을 선택할 수 있겠지만, 그렇지 않았다면 '업력'에 따라 태어날 곳을 향해 가게 된다. 원력이나 업력이나 스스로 만든 것이므로 자신의 삶에 대해 부모를 원망하는 것은 잘못된 것이다. 그렇다고 자책할 것은 없다. 인간으로 태어났다는 것만으로도 전생에 대단한 선업을 쌓았음이 증명되기 때문이다.

티베트의 역대 달라이 라마는 제자들에게 다음 생애를 암시하는 전언을 던지고 현생을 마친다. 그 근거가 붓다의 신화 속에 있었으니, 결코 허무맹랑한 것이 아니었다. 어떻게 살 것인가? 붓다가 당신이 태어날 곳을 스스로 선택했다는 신화 속에서 우리는 우리의 삶을 스스로 책임져야 한다는 것을 깨닫는다. 붓다가 원력에 따라 명료하게 자신의 다음 생애를 선택했듯 우리도 '업력'이 아닌 '원력'에 따라 다음 생애를 선택할 수 있도록 노력해야 한다.

2 어머니 뱃속에
들어가는 방법

우리는 어떻게 어머니 뱃속에 들어가게 되었을까

우리는 모두 어머니의 뱃속을 거쳐 세상으로 나왔다. 시험관에서 자라나지 않았다면, 예외는 거의 없다. 어머니 뱃속에는 어떻게 들어가게 되었을까? 다시 말하면, 어머니는 어떻게 임신하게 되었는가? 누구나 알고 있듯이 어머니와 아버지의 성관계에 의해 어머니는 임신하게 된다. 그리고 우리는 '업력'에 따라 어머니의 뱃속에 들어간다. 그런데 붓다의 어머니인 마야부인은 성관계에 의해 미래의 붓다를 잉태한 것이 아니라, 오직 미래의 붓다인 보살의 '원력'에 의해 임신하게 된다.

　붓다의 아버지와 어머니가 되는 숫도다나왕과 마야부인 사이에는 당시 오래도록 자식이 생기지 않았다. 숫도다나는 한 나라의 왕으로서 후계자를 생산하지 못한 것이 늘 안타까웠다. 그런데 어느 날 밤 마야부인이 특별한 꿈을 꾸었다. 여섯 개의 황금색 상아를 가졌고 몸의 일곱 부위가 땅에 닿는 하얀 코끼리가 하늘에서 내려오더니 왕비의 옆구리로 들어왔다. 신비로운 상쾌함을 느끼며 잠에서 깬 왕비는 왕에게 꿈 이야기를 들려주었다. 이 꿈은 곧 미래의 붓다가 마야부인에게 잉태(孕胎)되었음을 상징한다. 미래의 붓다인 보살은 다음 생애에는 붓다가 되어 중생을 구제하리라 마음먹고 도솔천에서 몸을 버리고 하강하여 어머니의 옆구리를 통해 자궁 속으로 들어간다. 이는 아기 붓다가 어머니와 아버지의 성관계로부터 잉태된 것이 아님을 말해 준다.

　어머니와 아버지의 성관계로부터 잉태되지 않은 성인이 또한 분 있다. 바로 예수이다. 그는 신[god, 神]의 뜻에 따라 한 번도 성관계를 갖지 않은 약혼녀에게 잉태된다. 두 성인이 이 세상에 오는 방법이 비슷하면서도 사뭇 대조적이다. 성관계를 통하지 않는다는 것은 '순결'을 뜻하며, 이는 똑같다. 그런데 예수는 순결이 요구되는 처녀이자 약혼녀인 어머니에게 잉태되는 반면, 붓다는 유부녀이자 아들을 간절히 원하는 왕비에게 잉태된다. 예수의 경우에는 인간의 관점에서는 매우 불온하여 신의 관점에서 바라봐야만 이해될 수 있는 일이지만, 붓다는 성관계 없

　　　　　　　　　　　　　　　　　　　　붓다의 신화

「백상입태(白象入胎)」
바르후트 스투파 난간에 새겨진 마야부인의 태몽 부조,
기원전 2~1세기경, 인도 콜카타박물관.

는 임신이라는 것조차 불분명할 정도로 이상할 것 없다. 붓다의 경우에는 최대한 무난하게 태어나서 자연스럽게 중생을 제도할 것이 예고되지만, 예수의 경우에는 대단히 특별하게 태어나서 큰 충격을 줌으로써 세상의 주목을 끄리라는 느낌을 준다. 무엇보다도 다른 것은 예수의 탄생은 오직 신의 뜻이지만, 붓다의 탄생은 오직 스스로의 '원력'이라는 것이다. 여기서 우리 불자들은 '신의 뜻'으로 살아갈 것이 아니라 '스스로의 원력'에 의해 살아가야 함을 자연스럽게 배운다.

오른쪽 옆구리를 통해 어머니 뱃속에 들어가다

보살이 도솔천에서 인간 세상으로 내려오는 이야기가 『니까야(Nikāya)』와 『아함경(阿含經)』에서는 붓다가 제자들에게 모든 붓다들의 일대기를 말씀해 주시는 가운데 등장한다.

비구들이여, 너희들은 마땅히 모든 부처님의 공통된 법을 알라. 보살은 도솔천에서 내려와 어머니의 바른편 옆구리를 통해 태에 들어갈 때 바른 생각이 흐트러지지 않았다. 그때 땅이 진동하여 큰 광명을 놓았다. 해와 달이 미치지 못하는 곳들까지도 크게 밝아졌다. 어둠 속에 묻혀 있었던 지옥의 중생들도 각각 서로 볼 수 있을 정도였다. 그 광명은 악마의 궁전까지도 비추

붓다의 신화

었다. 제석천을 비롯한 신들과 범천과 사문과 바라문, 그리고 모
든 중생들도 큰 광명을 입었다.

- 『장아함경(長阿含經)』「대본경(大本經)」

보살은 '스스로' 어머니의 '오른쪽 옆구리'를 통해 자궁 안으로
들어간다. 왜 '오른쪽'인가? 인도 사람들에게 왼쪽은 깨끗하지
못하게 여겨지고, 오른쪽은 깨끗한 것으로 취급된다. 그 이유는
오른손으로는 밥을 먹고, 왼손으로는 뒤를 닦기 때문이다. 왼쪽
이나 오른쪽 중에서 오른쪽을 선택하는 게 당연하다.

왜 '옆구리'인가? 이에 대해 혹자는 붓다가 크샤트리아 계
급이기 때문이라고 말한다. 베다 시대의 창조 신화에는 거인 푸
루샤의 몸이 분할되어 세계가 창조되었다는 이야기가 있다. 신
들이 거인 푸루샤를 인간으로 분할할 때 "그의 입은 바라문이
되었고 / 그의 두 팔은 라자냐(크샤트리아)가 되었고 / 그의 두 넓
적다리는 바이샤가 되었으며 / 그의 발에서는 수드라가 생겨났
다."라는 『리그베다』의 게송이 그것이다. 두 팔 대신 겨드랑이나
옆구리에서 크샤트리아가 탄생했다는 내용으로도 변형되는데,
이를 두고 붓다가 크샤트리아 계급이기 때문에 옆구리를 통해
어머니의 자궁 안으로 들어갔으며 태어날 때도 옆구리로 나왔
다는 것이다. 그러나 이는 계급과는 관계없는 것으로 보인다.

산스끄리뜨로 창작된 서사시 『붓다짜리따(Buddhacarita)』에

는 "우루왕은 다리로부터, 무리투왕은 팔로부터 / 인드라 신과 같은 만다트리왕은 / 정수리로부터 태어났으나, / 카크시바트왕은 겨드랑이로 태어났으니 / 왕자의 탄생도 그와 같았다."라고 적혀 있다. 이는 크샤트리아라고 해서 옆구리나 겨드랑이나 팔을 통해서만 잉태되거나 태어나는 것이 아님을 말해 준다. 다시 말해서 보살이 옆구리를 통해서 어머니의 자궁 속으로 들어간 것은 붓다가 보통 사람들과는 태생적으로 다른 신이(神異)한 존재임을 강조한 것일 뿐, 계급을 상징하는 의미가 담겨 있진 않다는 것이다.

어쨌든 미래의 붓다인 보살은 옆구리를 통해 어머니의 자궁으로 들어가는데, 이는 보살이 보통 사람들처럼 질(膣)을 통해서 들어가지 않음으로써 청정함이 그대로 유지되었음을 말해 준다.

바른 생각이 흐트러지지 않았다는 것은 보통 사람들은 삿된 생각으로 어머니의 태 속으로 들어가지만, 보살은 삿된 생각이 전혀 없었음을 말한다. 『대지도론』(정덕 옮김)은 "만일 남성이라면 어머니에 대해 애정을 품고 생각하길 '이 여인과 나는 잘 맞을 것이다.'라고 하지만, 아버지에 대해서는 반대로 미워하는 생각을 품는다. 만일 여성이라면 아버지에 대해 애정을 품고 생각하길 '이 남자와 나는 잘 맞을 것이다.'라고 하지만, 어머니에 대해서는 반대로 미워하는 생각을 품는다."라고 말한다. 그러나

붓다의 신화

보살은 누가 그의 아버지이고 누가 그의 어머니인지 미리 알아서, '이 아버지와 어머니가 내 몸을 키워 주리라. 나는 부모에 의지해 태어나서 아뇩다라삼먁삼보리(阿耨多羅三藐三菩提)를 얻으리라.'라고 생각한다. 이렇게 깨끗한 마음으로 어머니의 태에 들어가니, 이를 바른 생각으로 어머니의 태에 든다고 하는 것이다.

태생이 아니라 행위가 귀천을 결정한다

붓다가 이렇게 신이한 방식으로 어머니의 몸에 잉태되는 이유는 붓다가 보통 사람들과는 태생부터 다른 존재임을 말해 준다. 그렇다면 붓다가 깨달음을 얻은 이후 줄기차게 강조한 '태생이 귀천을 결정하는 것이 아니라 행위[kamma, ⑤ karma, 業]가 귀천을 결정한다.'라는 가르침과는 모순되는 것이 아닌가? 그렇다. 분명히 모순된다. 모순됨에도 불구하고 붓다는 당신의 가르침을 널리 알리기 위한 방편으로 쓸 수밖에 없었다. 생각해 보면, 붓다가 태생이 아니라 행위가 중요하다고 강조한 이유는 인도 사회가 태생을 너무나도 중시하였기 때문이다. 태생부터 남다른 존재가 되었을 때 자신의 가르침이 더욱 널리 전파될 수 있음을 붓다는(또는 경전의 유통자들은) 고려한 것이다.

실로 인도인들은 비천하게 태어났으나 각고의 노력으로 크게 성공한 이보다 설사 실패했다 하더라도 귀하게 태어난 이를 존중한다. 인도 사회에서 붓다의 가르침을 홍포하기 위해서는 붓다가 애초부터 위대하게 태어났음을 강조하는 것이 유용했던 것이다. 붓다와 관련된 신화 중에서 특히 탄생 신화가 많은 이유가 이 때문이다.

붓다의 화려한 탄생 신화는 붓다의 가르침을 널리 전파하기 위한 방편이었다. 태생이 귀천을 결정한다고 말하는 것이 결코 아니다. 붓다의 탄생 신화는 당시 결정적이었던 '신'이라는 개념으로부터 벗어난 독특한 '신화'였다. 붓다의 어머니 뱃속으로의 이동은 신이하긴 하지만, 신의 뜻에 의해 신기해진 것이 아니라 오직 '스스로의 원력'에 따라 특별해진 '행위의 결과'이다. 붓다의 탄생 신화도 태생이 아니라 행위가 귀천을 결정함을 암시하고 있음이다. 그리하여 붓다의 신화는 우리로 하여금 다음 생애에는 '스스로의 의지'로 '오른쪽 옆구리'를 통해 어머니 뱃속에 들어갈 수 있을 정도로 정진에 정진을 거듭할 것을 가르치고 있다.

3

붓다는 왜
길에서 태어났을까

길과 집, 그리고 '길'에서 태어난다는 것

길! '길'이라는 우리말처럼 '길'의 의미를 잘 대변해 주는 낱말도 없다. 길과 상대되는 단어는 '집'이다. '집'을 발음해 보자. '집'을 발음하면 마지막에 저절로 입이 닫힌다. 그렇다. 집은 닫힌 공간이다. 닫힌 공간을 열기 위해서는 '문'이 필요하다. 문을 열고 나서면 '길'이 있다. '길'이라는 단어를 발음해 본다. '길'을 발음하면 아랫니와 윗니가 열린 채로 입술과 입은 먼 곳으로 '길게' 열려 있다. 그렇다. 길은 집으로부터 나와 세상을 향해 '길게' 열려 있다. 이렇게 길은 세상으로 길게 열렸다가, 멀리멀리 나가기는 하지만, 온 세상을 채 다 돌지 못하고 집으로 돌아와 끝난다.

집이 아늑한 공간이라면 길은 불편한 공간이다. 집에서는 눕는 것이 자연스럽지만, 길에서 누우면 노숙자가 되어 버린다. 그래서 사람은 인생을 시작할 때와 마무리할 때에는 필히 집에서 시작하고 집에서 마무리한다. 오늘날에는 집 대신 병원에서 시작하고 병원에서 마무리하지만, 병원은 모든 안전책이 구비된, 집보다도 더 집인 곳이다.

그런데 여기 길에서 태어나서 길에서 인생을 마감한 이가 있다. 길에서 태어나는 일도 드물진대 길에서 마무리까지 하신 분, 그분이 바로 붓다이다. 일반적인 인간이라면 참으로 불행하게 태어나서 불행하게 떠났다 하겠지만, 붓다야말로 인간 중에 가장 행복했던 사람이라는 데 아무런 이의가 없다. 따라서 붓다의 생애를 생각하면, 길에서 태어났거나 길에서 죽었다고 해서 불행한 것은 아니다.

최초의 '인간 선언' - 신보다 깨달음을 얻은 인간이 더 위대하다

마야왕비가 임신하자 수많은 천신(天神)들이 왕비를 보호하였다. 왕비는 임신 기간 내내 청정한 생활을 유지하였으며 어떤 삿된 생각도 하지 않았다. 왕비는 수행자처럼 가부좌를 틀고 앉아 있는 뱃속의 아이를 분명하게 볼 수 있었다. 이러한 내용은 다분히 신화적이지만, 그 내용이 전해 주는 메시지는 분명하다. 사람은 누구나 다 임신하면 아이를 위해 청정한 생활을 유지하고 어떤 삿된 생각도 하지 말아야 하고, 아이가 어떤 상태인지 엄마는 항상 관심을 갖고 집중하고 있어야 하며, 그러면 천신들이 엄마와 아이를 보호해 준다는 메시지다.

해산달이 되자 왕비는 친정으로 가서 아기를 낳기로 한다. 숫도다나왕은 신하들에게 왕비의 친정인 데와다하(Devadaha)로 가는 길을 말끔하게 정돈하라고 명령했다. 깨끗하게 정돈된 길을 따라 왕비 일행은 가볍게 길을 나섰다. 힘들게 해산하러 가면서도 왕비의 발걸음은 가볍기만 했다.

왕비 일행이 까삘라왓투와 데와다하 사이의 중간쯤 되는 지점에 있는 룸비니(Lumbinī)라는 동산에 이르렀을 때였다. 새들과 나무와 꽃과 나비와 벌들이 어우러진 숲을 본 왕비는 그곳에서 잠시 쉬고 싶어졌다. 부드러운 풀밭을 걸어가던 왕비는 한 나무 아래서 문득 산기를 느끼고 나뭇가지를 잡았다. 시녀들은 서둘러 나무 주위로 천을 둘러 울타리를 만들어 주었고, 왕비는 아무 고통 없이 선 자세로 아기를 낳았다. 아니 왕비가 아기를 낳았다기보다는 아기가 어머니의 옆구리 쪽으로 유유히 빠져나왔다. 그리하여 그 나무는 아무런 고통도 없이 아기를 낳게 했다 해서 아소까[asoka, 無憂]라고 불리게 되었다 하는데, 초기 문헌에는 왕비가 살라(sāla)나무 가지를 잡았다고도 한다.

붓다 신화의 주요 장면에는 반드시 신들이 등장한다. 당연히 붓다가 인간 세계에 탄생하는 특별한 날 신들이 등장하지 않을 리가 없다. 당시 사람들에게 크게 추앙을 받았던 신은 창조의 신 브라흐마(Brahma)와 비와 번개의 신 인드라(Indra)였다. 브라흐마와 인드라는 왕자를 받아 모시면서 "왕비시여, 기뻐하십시오. 큰 힘을 가진 아드님이 태어나셨습니다."라고 말하였다.

어머니의 자궁에서 막 나왔으나 아기는 온몸이 아주 깨끗한 상태였다. 양수도, 점액도 묻지 않고 피도 묻지 않았다. 그럼에도 하늘에서 차가운 물줄기와 따뜻한 물줄기가 내려와 어머니와 아기를 씻겨 주었다. 아이가 세상에 나오자 온 우주에 측량할 수도 없고 표현하기도 힘들 정도로 광휘로운 빛이 나타났고, 일만 세계가 흔들리고 전율하였다.

더욱 믿기 힘든 장면은 그다음에 펼쳐진다. 왕자는 오른손은 하늘을 가리키고 왼손은 땅을 가리키며 북쪽을 향해 일곱 걸음을 걸었다. 걸음을 옮길 때마다 땅 위에서는 연꽃이 솟아올랐다. 브라흐마 신은 왕자를 뒤따르며 흰 양산을 씌어 주었고, 인드라 신은 야크의 꼬리털로 만든 총채를 들고 왕자를 따라갔다. 미얀마의 밍군 사야도는 자신의 책 『대불전경(Mahābuddhavaṃsa, 大佛傳經)』(한언, 2009)에서 왕자가 땅 위를 걸었지만 인간들에게는 마치 허공을 걷는 것처럼 보였고, 왕자가 옷을 입지 않은 채로 걸었지만 사람들은 왕자가 옷을 입은 채 걷는 것처럼 보였다고 말한다. 왕자는 모든 방향을 두루 돌아보고는 사자처럼 외쳤다.

하늘 위 하늘 아래 내가 가장 존귀하다. 나고 늙고 병들고 죽는
고통으로부터 중생들을 제도하려 하노라. 삼계의 모든 중생들
중에서 내가 가장 으뜸이다. 이번이 나의 마지막 생이다. 나에게
다음 생은 없다.

- 『장아함경』「대본경」, 『디가 니까야(Dīgha Nikāya)』
「대전기경(Mahāpadanasutta)」

이 말씀은 깨달음을 얻어 붓다가 된 이후에 할 말을 미리 한 것
이라 볼 수 있다. 그 당시 세간에서 위대한 존재로 추앙받는 이
들은 인간에 비해 힘이 엄청나게 센 천신들이었다. 아기 붓다의
선언은 브라흐마나 인드라보다도 깨달음을 얻은 붓다가 더 위
대하다는 것이지, 자신이 독불장군(獨不將軍)임을 말한 것이 아
니다. '깨달음을 얻어 붓다가 될 가능성이 있는 인간 존재는 어
떤 훌륭한 신들보다 위대하다.'라는 선언은 당시 인도 사회에서
는 충격적인 것이었다. 인간은 당연히 신들보다 하위에 놓인 존
재라 여겨지던 시대에 인간이 오히려 더 위대하다고 선포한 최
초의 '인간 선언'이라 해야 할 것이다. 또한 "이번이 나의 마지막
탄생이다."라고 한 뜻은 이번 생애에 아라한이 되어 윤회의 수
레바퀴를 벗어남을 의미한다.

칠각지(七覺支)의 길을 통해 육도 윤회의 길을 벗어나자

이 장면은 붓다의 생애 중에서 가장 신화적인 부분이다. 어머니가 나뭇가지를 잡고 서 있는데, 아기는 어머니의 옆구리를 통해 살며시 빠져나온다. 세간에서는 있을 수 없는 일이지만, 인도의 위대한 영웅들은 모두 신이한 탄생 신화를 갖고 있다. 인도뿐만 아니라 세상의 위대한 영웅들은 대부분 신이한 탄생 신화 속에서 태어난다.

> 흔들림 없이 바로 다리를 옮겨
> 넓게 대지를 밟으시고는
> 당당히 일곱 걸음 내디디시니
> 그 모습 마치 일곱 개의 별과 같구나.
>
> 보리(菩提)를 위해, 중생의 이익을 위해 태어나셔서
> 이것이 나의 마지막 탄생이니
> 고통에 빠진 중생을 건지리라.
> 사방을 둘러보면서 사자처럼 외치셨네.
> - 마명 [ⓢAśvaghoṣa, 馬鳴], 『붓다짜리따』

왕자가 북쪽을 향해 일곱 걸음을 걸었다는 문헌도 있고, 사방으로 일곱 걸음을 걸었다는 문헌도 있다. 북쪽에는 히말라야가 있

붓다의 신화

「수하탄생(樹下誕生)」
붓다의 탄생 부조, 간다라, 2~3세기경,
파키스탄 라호르박물관.

으며, 범접하기 힘든 히말라야는 인도인에게 신들의 공간으로 여겨졌다. 아기 붓다가 북쪽을 향해 일곱 걸음을 걸은 것은 붓다의 인간 선언이 '신들을 향한 외침'임을 뜻하지 않을까? 사방으로 일곱 걸음을 걸은 것은 '인간 선언'이 온 우주를 향한 선포임을 의미하며, 사방을 둘러본 것도 같은 의미이다.

그렇다면 아기 붓다는 왜 '일곱 걸음'을 걸었을까? 송강 스님은 지옥·아귀·축생·수라·인간·천상 등 육도를 완전히 벗어나 일곱 번째 세계에 도달할 것임을 암시한 것이라 말한다. 일리 있는 해석이지만, 다른 각도로 생각해 보자. 단 세 걸음만 걸었다고 하면 너무 순간적이라고 느껴지지 않는가? 열 걸음을 걸었다고 하면 게송을 읊기에는 너무 길게 느껴지지 않는가? 일곱 걸음은 사자후를 토하기에 가장 적당하다는 것이다.

'7'을 행운의 숫자라고 하는데, 그 근원을 기독교에서 찾는 경우가 많다. 기독교 바이블에 따르면 신이 세상을 창조할 때 6일을 일하고 7일째 쉬었다는 것에서 7을 행운의 숫자로 여기게 되었다는 것이다. 그러나 7이 길한 숫자가 된 것은 붓다의 탄생 신화로부터 시작되었다고 보아도 된다. 일곱 걸음이 붓다가 나아갈 길에 대한 상징이라면, 그것은 수행의 길이라고 보아도 될 것이다. 따라서 일곱 걸음은 깨달음에 도달하는 일곱 가지 길[七覺支]을 상징한다 해도 무방하다.

지금까지 이야기한 붓다의 탄생 신화 속에서 우리는 우리

앞에 놓인 두 갈래 길을 발견한다. 하나는 육도 윤회의 길이고, 하나는 칠각지의 길이다. 어떤 길을 갈 것인가? 태어나자마자 일곱 걸음을 걷고 사자후를 토했다는 붓다의 탄생 신화는 우리에게 붓다가 될 수 있는 좋은 조건을 갖춘 인간으로서 자부심을 가지고, 칠각지를 열심히 실천하여 육도 윤회의 굴레로부터 벗어날 것을 가르치고 있다.

4 마야부인의
죽음

어머니란 무엇인가

엄마(한국어·우즈베크어·타밀어 등), 마마(라틴어·영어·일본어·중국어
·불어·독일어·러시아어·스페인어·포르투갈어·인도네시아어·알바니아어
등), 맘마(이탈리아어), 맘(힌디어), 아마(네팔어), 마(베트남어)…. '엄마'
라는 단어가 세계 대부분의 언어에서 비슷하다는 것이 놀랍다.
어린아이가 세상에 태어나서 가장 먼저 하는 말이 바로 '엄마'
다. '엄마'라는 말이 대부분의 언어권에서 비슷한 것은, 그 단어
가 가장 발음하기 편한 음으로 이루어져 있기 때문일 것이다. 어
머니는 우리가 세상에서 가장 먼저 만나는 존재인 만큼 그 애칭
인 '엄마'나 '마마', '맘마' 등도 문화가 다른 언어권에서 모두 가

장 원초적이고 쉬운 발음으로 이루어진 것이다.

엄마! 어른스러운 말로 바꾸면, 어머니! 어머니는 실로 모든 생명체의 뿌리이며, 새로운 생명체가 세상에 발을 디딜 때 처음으로 거치는 관문(關門)이기도 하다. 따라서 누군가의 일생을 이야기할 때, 그 어머니 이야기를 빠뜨릴 수는 없을 것이다. 실로 어머니는 모든 인간 존재에게 이토록 각별한 존재인데, 붓다의 어머니 이야기는 어머니가 아기 붓다를 낳은 후에는 거의 없어진다. 그러니 우리는 아기 붓다를 낳은 어머니 마야부인을 만나러 저 '천상'으로 길을 떠나 본다.

붓다의 어머니는 왜 일찍 돌아가셨을까

붓다의 생애를 이야기하는 데 어머니가 중시되지 않은 이유는 붓다의 생애가 그만큼 신화로 장엄되어 있기 때문이다. 신보다도 위대한 분에게 인간임을 강하게 증명하는 '어머니'라는 존재는 상대적으로 덜 중요할 수 있었던 것이다.

> 비구들이여, 이것도 정해진 법칙이다. 즉 보살이 태어난 지 칠일째에 보살의 어머니의 몸은 임종하여 도솔천에 태어난다. 이것이 정해진 법칙이다.
> - 『디가니까야』 「대전기경」[D15.1.22]

위 경전에 보이듯이 마야부인은 태자의 출산 후 칠 일 만에 세상을 떠났다고 한다. '정해진 법칙'이라는 것은 석가모니 붓다뿐만 아니라 모든 붓다의 경우에 적용된다는 뜻이다. 자현 스님은 '7'이 탄생 직후의 일곱 걸음과 마찬가지로 만수(滿數)의 상징적인 숫자라고 말한다. 신화 속에서 칠 일은 '충분히' 혹은 '완전히'를 의미한다. '충분히'라는 측면에서 칠 일은 '왕자의 출산 이후부터 마야부인의 임종까지가 문제없는 기간'임을, '완전히'라는 측면에서 칠 일은 '마야부인이 장차 붓다가 될 왕자를 생산함으로써 현생에서 할 일을 모두 마쳤음'을 상징하는 것으로 이해할 수 있다는 것이다.

얼른 이해가 가지 않는 면이 있다. 붓다의 어머니는 세상에서 가장 위대한 인간을 낳는 크나큰 공덕을 쌓았는데 어찌하여 일찍 돌아가셔야 했던 것일까? 미얀마의 밍군 사야도는 빠알리 경전과 주석서를 토대로 붓다의 생애를 정리하여 『대불전경』이라는 책을 썼는데, 그는 이 책에서 마야부인이 수명이 다해서 돌아가셨다고 말한다.

붓다의 전생인 보살은 다음 생애에 붓다가 되기 전에 어머니를 선택하는데, 그때 보살은 수명이 십 개월하고 칠 일 남은 분을 어머니로 선택한다. 그럼으로써 아기 붓다가 탄생하고 나면 칠 일 후에 어머니는 다른 세상으로 가고, 붓다가 될 분이 머물렀던 성스러운 자궁에 다른 이는 머물 수 없게 되는 것이다.

붓다의 신화

이러한 이야기를 우리는 신화로만 이해해야 한다. 사람의 수명이 이미 정해져 있는 것으로 이해하면 안 된다는 것이다. 붓다의 탄생 신화를 최대한 성스럽게 장엄하다 보니 이렇게 붓다의 가르침과는 다른 방향의 신화까지 만들어지게 된 듯하다.

밍군 사야도는 『디가 니까야』의 주석서의 설명에 입각하여 마야부인이 정확히 56년 4개월 27일째에 세상을 바꾸었다고 말한다. 마야부인의 수명도 다분히 신화적이다. 그 당시 인간의 수명은 원칙적으로 100세였다. 100년은 33년 4개월씩 세 등분으로 나눌 수 있다. 마야부인은 인생의 첫 시기, 즉 33년 4개월 동안 화려하고 편안한 생활을 했다. 두 번째 시기인 33년 4개월을 다시 셋으로 나누면 각각 11년 1개월 10일이 되고, 둘을 합하면 22년 2개월 20일이 된다. 여기에 첫 번째 시기를 더하면 결국 55년 6개월 20일이 된다. 마야부인은 이때 보살을 잉태한 것이다. 여기에 보살을 잉태하고 있었던 10개월과 보살의 탄생 이후 7일을 더하면 56년 4개월 27일이 된다는 것이다.

붓다 시대 당시 인간의 수명이 100세였다고 하는데, 이에 비하면 마야부인은 짧은 생애를 마친 셈이다. 사실 우리나라 고대 사람들의 수명과 비교하면 그리 일찍 돌아가신 것도 아닌 듯하지만, 그 연세에 임신할 수 있었다는 것이 신화가 아니라면 가능했을까 싶기도 하다. 붓다의 어머니는 신들과 인간 중에 가장 위대한 '붓다'가 될 분을 탄생시키는 거룩한 위업을 완수하고 다

른 세상으로 갔다. 여기서 우리는 수명의 길고 짧음이 행복의 척
도가 아님을 확인할 수 있다.

마야부인은 어디에서 어떻게 다시 태어났을까

마야부인이 환생한 곳에 대해서는 두 가지 설이 있다. 『불본행
집경(佛本行集經)』에서는 마야부인이 도리천(욕계 제2천)에 환생
했다고 하고, 빠알리 경전인 『디가 니까야』에서는 도솔천(욕계 제
4천)에 환생했다고 한다. 『불본행집경』에서는 마야부인의 환생
을 자세히 설명하지 않지만, 빠알리 주석서에서는 마야부인이
도솔천의 천상 도시에서 다시 태어났다고 설명한다. 어떻게 설
명하든 간에 마야부인은 큰 공덕이 있는 분이어서 아기 붓다를
낳았고, 또한 그 과보로 천상에 태어나게 되었다고 볼 수 있다.

마야부인은 붓다를 낳는 것으로 당신의 임무가 사실상 끝
난다. 아기 붓다를 기르는 임무는 마야부인의 동생인 마하빠자
빠띠(Mahāpajāpatī)에게로 넘어간다. 붓다는 어머니가 두 분으로,
붓다의 어머니의 지위를 한 사람에게 독점시키지 않은 것도 나
름대로 의미가 있지 않나 싶다. 붓다를 낳은 어머니가 기르는 임
무까지 맡게 되면 그로 인한 어머니의 상(相, 想)이 너무 커져서
바른길을 갈 수 없을 것이라 염려한 것은 아니겠지만, 공덕을 나
눠 갖게 함으로써 붓다의 덕이 조금이라도 널리 퍼지게 되는 결

붓다의 신화

과는 되지 않을까 싶다.

붓다의 어머니 마야부인이 붓다의 탄생을 끝으로 그의 생애에 거의 등장하지 않는 대신, 마하빠자빠띠부인은 붓다의 생애에 자주 등장한다. 이슬람 성자 무함마드의 어머니도 그가 여섯 살에 세상을 떠난다. 그렇게 보면 세계적인 종교 성자를 낳은 친어머니는 위대한 성자를 낳은 것 외에는 그 역할이 대체로 미미한 편인데, 아마도 종교 성자의 '어머니'는 그 성자가 인간임을 보여 주는 상징적인 존재이기 때문일 것이다. 예수의 어머니 마리아가 예수가 죽을 때까지 등장하는 것과는 대조적이라고 할 수 있지만, 예수도 자신은 지상의 아버지 요셉과 어머니 마리아의 아들이 아니라 하느님 야훼의 아들임을 강조하곤 했다.

그렇다면 마야부인은 천상세계에서 여성으로 태어났을까, 아니면 남성으로 태어났을까? 빠알리어 주석서들은 마야부인이 여성이 아닌 남성으로 태어났다고 말한다. 주석서들의 설명은 아무래도 당시의 남존여비(男尊女卑) 사상을 반영하고 있는 모양이다.

4월 보름날을 '성모(聖母) 마야의 날'로

마야부인이 아기 붓다가 탄생한 후 칠 일 만에 세상을 떠난 것은 역사적인 사실인 듯하다. 그렇다면 마야부인의 기일(忌日)은 음력 4월 보름이 된다. 우리는 4월 초파일만 중시하지, 4월 보름은 중시하지 않는다.

법정 스님의 「세상의 어머니들에게」는 어느 해 부처님오신날을 맞이하면서 쓴 글이다. 아기 붓다가 탄생한 날 아기 붓다를 낳은 어머니와 세상 모든 어머니를 생각하며 쓴 것이다. 법정 스님은 일찍이 어머니가 세상을 떠났다는 소식을 듣고 '아, 내 생명의 뿌리가 꺾였구나.'라고 생각했다고 한다. 부처님오신날을 맞이해서 그는 붓다 못지않게 붓다를 낳은 마야부인을 생각했고, 아울러 세상의 모든 어머니를 생각했다.

붓다뿐만 아니라 아기 붓다를 낳은 어머니를 함께 생각한다면 붓다가 이 세상에 온 뜻을 더욱 분명하게 알 수 있지 않을까? 붓다의 전생인 보살이 어머니의 수명을 알았다고 하지만, 그것은 어디까지나 사실을 확인할 수 없는 신화이다. 결과적으로 마야부인의 때 이른 죽음은 붓다의 성스러움을 더욱 배가시켰다. 마야부인이 살아 있었다면 붓다의 동생을 임신할 수도 있었고, 그렇게 되었다면 거룩한 아기 붓다가 머물렀던 자궁의 성스러움도 훼손되었을 것이다. 결국 마야부인의 아름다운 희생이 성스러운 아기 붓다를 더욱 거룩하게 만들었고, 장차 왕자로 하여금 깊이 사색하게 하여 마침내 출가하게 하는 밑거름이 되었다고 하겠다.

앞으로는 4월 초파일부터 4월 보름까지를 특별히 마야부인

붓다의 신화

을 생각하는 주간으로 삼으면 어떨까 싶다. 그리고 음력 4월 보름날은 '성모(聖母) 마야의 날'로 기념하면 어떨까?

5

붓다는 잘생긴
꽃미남이었을까

붓다의 시대에도 외모가 중요했을까

훌륭하게 태어난 당신의 몸은

완전하고 탁월하며 광채가 나고

보기에 더없이 아름답고

몸의 빛은 금빛이요 치아는 지극히 하얗군요.

– 『맛지마 니까야(Majjhima Nikāya)』「셀라의 경(Selā-sutta)」

붓다를 만난 바라문 셀라는 이렇게 감탄한다. 도대체 붓다의 용
모가 어떠했기에 이렇게 찬탄하는 것일까? 우리는 붓다의 용모

를 제대로 알지 못한다. 경전에 붓다의 용모가 묘사되어 있고 여러 나라의 불상들이 붓다의 용모를 형상화하고 있지만, 그 용모가 제각각이어서 실제 붓다의 용모를 상상할 만한 적당한 근거가 되지 못한다.

경전에 붓다의 용모를 찬탄하는 대목이 자주 등장하는 것은 그 당시에도 외모가 매우 중시되었음을 말해 준다. 예나 지금이나 어느 나라나 비슷했는지도 모른다. 중국의 당(唐)나라에서도 인재를 등용할 때 신언서판(身言書判)을 기준으로 삼았다고 한다. 신(身)은 외모요, 언(言)은 말솜씨요, 서(書)는 글솜씨며, 판(判)은 지혜의 정도다. 그 당시에도 외모가 가장 중요한 기준이었음에 놀랍다. 세상이 그렇다 보니 붓다 또한 당신의 가르침을 널리 펴기 위해서는 뛰어난 용모를 갖춰야 했을 것이다.

붓다의 외모 - 서른두 가지 특징

왕자가 태어난 지 닷새째 되는 날 숫도다나왕은 아기 왕자의 머리를 감기고 이름을 짓는 의식을 거행하였다. 그는 지혜로운 바라문 108명을 초청하여 진귀한 음식을 만들어서 공양하였다. 그러고는 그중에서 8명의 바라문을 선발하여 그들에게 왕자를 보여 주고 왕자의 미래를 점치게 했다. 다시 말하면 관상을 보게 한 것이다. 바라문들은 왕자의 용모를 보더니 깜짝 놀랐다. 왕자는 이상적인 군주인 전륜성왕[cakkavattin, 轉輪聖王]이나 위없는 깨달음을 얻을 붓다(Buddha)가 갖추고 있는 서른두 가지 특징을 모두 갖추고 있었기 때문이다. 그 서른두 가지 특징은 문헌에 따라 약간 다른데, 『맛지마 니까야』 「브라흐마유 경(Brahmāyu-sutta)」을 토대로 적어 본다.

(1) 땅을 온 발바닥으로 디딜 수 있는 평평한 발.

(2) 천 개의 살과 테와 바퀴가 달린 모든 형태가 완벽한 수레바퀴가 새겨진 발바닥.

(3) 넓고 원만한 발뒤꿈치.

(4) 기다란 손가락.

(5) 부드럽고 유연한 손과 발.

(6) 손가락과 발가락 사이에 물갈퀴가 있는 손발.

(7) 먼지가 조금도 묻지 않는 복사뼈가 돌출된 발.

(8) 사슴과 같은 장딴지.

(9) 똑바로 서서 구부리지 않아도 무릎에 와 닿는 두 손.

(10) 몸속에 감추어진 성기.

(11) 황금빛의 몸.

(12) 황금과 같이 섬세하며 먼지나 때가 끼지 않는 피부.

(13) 몸의 털이 뭉치지 않고 제각기 자라는데, 그 각각의 털은 털구멍에 하나씩 자란다.

붓다의 신화

(14) 끝이 위로 향하는 몸의 털을 지니고 있는데, 위로 향하는 털은
감청색이자 검은색이고 오른쪽으로 감겨 올라간다.

(15) 단정한 몸매.

(16) 일곱 부분이 돌출된 몸.

(17) 사자와 같은 상체.

(18) 양어깨 사이에 패인 곳이 없는 충만한 어깨.

(19) 니그로다나무와 같은 몸의 둘레. 양손을 활짝 뻗은 크기가 몸
의 키와 같고, 몸의 키는 양손을 활짝 뻗은 크기와 같다.

(20) 똑같이 둥근 양어깨.

(21) 최상의 탁월한 맛을 느끼는 감각.

(22) 사자와 같은 턱.

(23) 마흔 개의 치아.

(24) 평평하고 가지런한 치아.

(25) 간격 없이 고른 치아.

(26) 희고 빛나는 치아.

(27) 길고 넓은 혀.

(28) 범천왕의 목소리처럼 청정한 음성.

(29) 깊고 푸른 눈.

(30) 황소의 것과 같은 속눈썹.

(31) 미간에는 희고 부드러운 면과 같이 생긴 털이 있다.

(32) 머리 위에는 육계(肉髻)가 있다.

아무래도 오늘날 많은 이들이 선호하는 꽃미남과는 거리가 있는 외모이다. 붓다의 발이 군대에 가지 않아도 되는 평발이라는 것도 이상하고, 손과 발이 오리처럼 물갈퀴 모양이라는 것도 특이하며, 머리 위에 혹처럼 육계가 튀어나와 있다는 것도 독특하다. 그 내용을 『마하 붓다완사』(위빠싸나출판사, 2004)와 『대지도론』을 통해 아주 일부만 확인해 보자.

보통 사람들은 발을 땅에 내리면 발끝이나 뒤꿈치, 아니면 발바닥 가장자리만 바닥에 닿고 가운데 부분은 닿지 않는다. 사람들이 발을 들면 발 전체가 아니라 일부분이 먼저 들리고 디딜 때도 일부분이 먼저 바닥에 닿는다. 그러나 붓다의 평발은 바닥에서 발을 들어 올릴 때도 발바닥 전체가 한꺼번에 편편하게 올라가고 디딜 때도 발바닥 전면이 고르게 땅에 닿게 된다. 만약 붓다나 전륜성왕이 웅덩이나 울퉁불퉁한 곳이나 깊이 패인 곳, 골짜기, 절벽 등 고르지 못한 바닥에 발을 내려놓는 순간 바닥이 위로 솟아올라서 발을 받쳐주게 된다. 곧 평발은 보통 사람들처럼 오래 걸을 수 있도록 발바닥 가운데가 푹 들어가야 할 필요가 없는 신적인 존재인 붓다나 전륜성왕에게 적합한 것이었다.

붓다나 전륜성왕의 손가락들과 발가락들은 모두 길이가 같으며, 오리발의 물갈퀴 같은 막이 있다. 오늘날 보통 사람이 이런 손 모양을 가졌다면 물갈퀴 같은 막을 제거하는 수술을 할는지도 모르겠다. 혹은 선천적으로 물갈퀴 같은 손과 발을 가졌다

붓다의 신화

「붓다 열반상」
열반상의 발바닥에 수레바퀴가 새겨진 모습을 볼 수 있다,
인도 쿠시나가르 열반당.

면 대단히 뛰어난 수영 선수가 될는지도 모른다. 또한 붓다와 전륜성왕은 머리의 정수리 부분이 두툼하게 솟아올라 있다. 보통 사람으로서는 상상할 수 없는 모양이다. 그리고 붓다의 정수리에서는 밝은 빛이 퍼져 나오며, 이는 보는 이에게 자연스럽게 기쁨을 준다.

여덟 명의 바라문들은 이런 서른두 가지 특징뿐만 아니라 그 특징을 뒷받침하는, 다시 말해 서른두 가지 특징을 더욱 아름답고 신비롭게 해 주는 80가지 작은 상호를 모두 갖추고 있는 왕자의 용모를 보고는 말했다.

"대왕이시여, 이 왕자님은 천하를 덕으로 다스리는 전륜성왕이 되시거나, 출가하여 위없는 깨달음을 얻으면 중생을 널리 교화할 붓다가 되실 것입니다."

숫도다나왕은 왕자가 전륜성왕이 될 것이라는 예언에 뛸 듯이 기뻤지만 출가하여 붓다가 될 수도 있다는 예언에는 일말의 불안감이 생겼다. 그러나 그는 애써 불안감을 떨치고 왕자의 이름을 지었다.

"왕자의 이름을 '해야 할 바를 성취한다.'라는 의미에서 싯닷타[Siddhattha, ⑤Siddhārtha]로 하리라."

붓다는 왜 이렇게 보통 사람과는 다른 상호를 가졌을까? 『대지
도론』은 "붓다의 몸을 보고 청정한 믿음을 갖는 이가 있을 수 있
기 때문에, 상호로 몸을 장엄하는 것이다."♦라고 말한다.

인도 신화 속의 신들의 모습도 독특하다. 유지의 신 비슈누
(ⓢViṣṇu)의 경우 팔이 네 개이고, 각 손에 항상 원반과 곤봉과 연
꽃과 소라고둥을 들고 있다. 파괴의 신 시바(ⓢŚiva)는 눈이 세
개이며, 목에는 푸르딩딩한 독을 저장하고 있다. 창조의 신 브라
흐마는 머리와 팔이 네 개다. 보통 능력을 지닌 사람이 팔이 네
개이거나 머리가 네 개라면 기괴하다고 하겠지만, 신들이 그런
모습이라면 인간과는 다른 차원의 존재라고 오히려 숭앙을 받
는다. 붓다의 용모도 그렇게 해석할 수 있다.

그런데 붓다의 용모와 관련된 중요한 사실이 있다. 바로 서
른두 가지 특징과 그를 뒷받침하는 80가지 상호를 갖춘 붓다의
용모는 우연히 만들어진 것이 아니라 수많은 생애 동안 쌓은 공
덕과 원력에 의해서 만들어졌다는 것이다. 붓다의 원력은 뭇 중
생을 구원할 깨달음을 얻는 것인데, 『대지도론』에서 그 깨달음
의 이름인 아뇩다라삼먁삼보리는 의인화되어서 다음과 같이 말

♦   『대지도론』 권4(T25, 91b2-3): "有人見佛身相 心得信淨 以是故以相嚴身."

한다.

"만일 나를 얻고자 하거든 먼저 훌륭한 상호를 닦아 자신의 몸을 장엄하라. 그런 뒤에야 내 그대의 몸에 머무르리. 만일 상호들이 그대의 몸을 장엄하지 않는다면 나는 그대에게 머물지 않으리."♦

붓다는 깨달음을 위한 원력을 굳건히 세웠고, 결국 깨달음을 위해 외모 또한 가꿨던 것이다.

붓다의 외모 이야기를 통해 오늘날의 외모지상주의를 비판하려 했는데, 『대지도론』 인용문 때문에 외모가 깨달음 못지않게 중요하다는 이야기로 마무리되는 듯하다. 하기야 어찌 외모가 중요하지 않겠는가? 다만 붓다의 외모가 오늘날의 꽃미남의 외모가 아님에 주목하자. 이 외모는 어디까지나 붓다가 수많은 생애에 쌓은 공덕의 집합체이다. 그런데 오늘날의 외모지상주의는 깨달음, 곧 정신적 성숙은 배제한 채 오직 아름다운 몸만을 추구하는 추세이다. 지난 2017년 원적에 든 세계적인 소설가 박상륭은 인간 세계가 몸의 우주에서 말씀(정신)의 우주로, 그리고 마음의 우주로 진화해야 하는데, 오히려 점점 더 몸의 우주로 전락하고 있다고 개탄하곤 했다.

♦ 『대지도론』 권4(T25, 91b14-15): "若欲得我 先修相好以自莊嚴 然後我當住汝身中 若不莊嚴身者 我不住也."

신화화된 붓다의 외모는 실제 붓다의 모습과는 다를 것이다. 붓다의 가르침을 인도 사회에 널리 전하기 위해서는 그의 외모도 신격화해야 했던 것이다. 어쨌든 붓다의 용모가 더없이 아름다웠고, 보는 이들의 마음은 붓다를 보는 순간 한없이 편안해졌던 것만은 분명하다. 붓다의 수승한 용모는 붓다가 뛰어난 유전자를 물려받아서가 아니라 스스로 꾸준히 쌓은 공덕과 수행 덕분이었다. 우리도 그런 외모를 가꾸어 보면 어떨까? 보는 사람으로 하여금 애착에 빠지게 하는 용모가 아니라, 보는 순간 지극히 편안해지는 그런 용모 말이다. '나를 보는 사람이 더없이 편안해질 수 있도록'.

6

아기 붓다의
미래에 대한 예언

돌잔치의 특별한 이벤트

아기가 태어나면 우리는 그 아기의 미래에 대해 나름대로 기대하게 된다. '이 아이가 우리 집안을 살려줄 거야, 세상에 크게 이로운 사람이 될거야.' 이런 기대감을 반영한 흥미로운 행사가 아기의 첫 돌잔치 중 진행된다. 하객들이 지켜보고 있는 가운데 아기는 자기 앞에 놓여 있는 실뭉치, 연필, 돈, 악기, 붓, 망치 등 아기의 미래를 상징하는 물건 중에서 어느 하나를 먼저 만지거나 잡는다. 그것을 보면서 사람들은 아기의 미래를 점쳐 보는 것이다.

물론 사람들은 돌잔치의 이벤트를 크게 생각하는 것 같지는 않다. 어떤 것을 잡았든 그것은 나름대로 좋은 것이기 때문이다. 실뭉치를 잡으면 오래 살 것이기 때문에 좋고, 연필을 잡으면 공부를 잘할 것이기에 좋고, 돈을 잡으면 큰 부자가 될 것이기에 좋다고 생각한다. 장난스러운 행사 같지만, 이와 같은 비슷한 이벤트가 티베트의 정신적 지도자 달라이 라마 등 티베트 고승들의 환생을 확인할 때 진행된다는 점에서 아무런 의미가 없다고 할 수 없다. 티베트 고승들의 환생을 점칠 때는 그 고승의 물건과 아닌 것을 섞어 놓고 아기에게 고르게 한다. 만약 그 고승의 물건을 고르게 되면 아기가 고승의 환생일 가능성이 있다고 짐작하게 된다.

전생에 다음 생애에 대한 원력을 세웠다면 돌잔치의 이벤트에서도 그것이 반영될 수 있다. 그러나 위대한 분은 대체로 전생부터 큰 원력을 세우고 오기 때문에 그가 미래에 어떤 일을 할 것인지 어린 시절부터 그 조짐이 나타나게 마련이다. 붓다도 전생에 중생 구제에 대한 우주적인 원력을 세우고 이 땅에 왔으니, 아기 붓다의 미래에 대한 예언이 등장함 직하다. 그 예언자의 이름은 여러 경전에서 아시따(Asita)로 나타나는데, 『자따까(本生經)』에서는 깔라데윌라(Kāḷadevila)라고도 한다.

현자 아시따의 예언
아시따는 싯닷타 왕자의 할아버지 시하하누(Sīhahanu)왕과 아버지 숫도다나왕이 의지하는 사제였다. 그는 오랫동안 수행하여 무색계 선정에 도달하였기 때문에 다음 생애에는 무색계에 태어날 예정이었다. 히말라야에서 수행하던 아시따는 잠시 도리천에 올라가 있었는데, 수많은 신들이 모여서 환호성을 올리며 기뻐하고 있는 모습을 보았다. 아시따는 신들을 보고 물었다.

"신들이시여, 당신들에게 도대체 무슨 일이 있습니까? 아수라와의 싸움에서 이겼을 때도 이토록 기뻐하지는 않았던 듯싶은데, 어떤 희귀한 일이 있기에 이처럼 기뻐하고 계십니까?"

신들은 대답했다.

"비할 데 없이 뛰어난 보배인 보살이 모든 사람의 이익과 평안을 위해 인간 세계에 태어났습니다. 그래서 우리는 이렇게 기뻐하고 있는 것입니다."

아시따는 그 말을 듣고 급히 인간 세계로 내려왔다. 그리고 숫도다나왕의 궁전에 가서 왕에게 여쭈었다.

"왕이시여, 이번에 탄생하신 왕자는 어디에 계십니까? 저도 한번 뵙고 싶습니다."

숫도다나왕이 왕자를 데리고 오게 하여 아시따에게 보이려 하는 순간이었다. 왕자의 몸이 갑자기 궁중으로 붕 떠올라 아시따의 머리 위에 머물렀다. 삼매와 신통을 갖춘 아시따는 그 모습을 보고 황급히 자기가 먼저 왕자에게 예경을 올렸다. 장차 붓다가 될 보살로부터 예경을 받는 것은 머리가 일곱 조각으로 쪼개지는 과보를 받을 수 있었는데, 이에 보살이 신통을 부린 것이었다. 아시따가 예경을 올리는 것을 본 숫도다나왕도 아들에게 예경을 올렸다. 이것이 숫도다나왕이 아들에게 올린 첫 번째 예경이다.

불꽃처럼 빛나고 하늘의 달처럼 밝으며 구름을 헤치고 비치는 태양처럼 환한 아기를 보고 아시따는 환희에 넘쳤다. 신들은 천 개의 둥근 고리가 달린 양산을 공중에 펼치고 황금 자루가 달린 불자를 위아래로 흔들었다. 그러나 그들의 모습이 사람들의 눈에는 보이지 않았다. 아시따는 빨간 담요에 싸여 있는 아기를 받아 안았다. 그는 아기의 남다른 상을 살피더니 환호성을 질렀다.

"이 아기는 최고로 뛰어나며 가장 위대한 사람입니다."

그러더니 현자는 얼마 남지 않은 자신의 삶을 생각하고 말없이 눈물을 흘렸다. 현자가 우는 것을 보고 삭까족 사람들은 물었다.

"우리 왕자에게 무슨 불길한 일이라도 있습니까?"

아시따는 대답했다.

"왕자에게 어떤 불길한 상이 있어 그런 것이 아닙니다. 이 왕자는 깨달음의 최고 경지에 이를 것입니다. 이 아기는 가장 으뜸가는 맑고 순수함을 볼 것이며, 모든 사람들에게 이익을 주고, 그들을 불쌍히 여겨 진리의 바퀴를 굴릴 것입니다. 그의 청정한

덕행은 널리 널리 퍼져 나갈 것입니다. 그러나 이 세상에서의 내 삶은 얼마 남지 않았습니다. 이제 곧 내게는 죽음이 찾아올 것입니다. 나는 비할 데 없이 큰 힘을 가진 이분의 가르침을 듣지 못할 것입니다. 그래서 슬퍼하는 것입니다."

청정한 수행자 아시따는 가족 중에 누가 붓다의 가르침을 들을 수 있는지 살펴보았다. 그는 여동생의 집에 가서 조카 날라까(Nālaka)를 불러 말했다.

"나중에 '눈뜬 사람이 깨달음을 펴고 진리의 길을 간다.'라는 말을 듣거든, 그때 그곳으로 가서 그분의 가르침을 따라 그 밑에서 청정한 수행을 닦아라."

이상은 『숫따니빠따(Sutta-nipata)』의 「날라까의 경(Nālaka-sutta)」과 『자따까』에 나오는 이야기의 대강이다.

예언은 우리에게 어떤 의미가 있는가

신화 속에서 예언은 대체로 그대로 맞아떨어진다. 어떤 과정이 있건 결과가 예언대로 된다면, 결과가 있기까지의 시련 같은 것이 꼭 필요했는지 의문이 생긴다. 어쩌면 예언은 소설에서의 복선(伏線)과 같은 것일지도 모른다. 예언은 나중에 발생할 중요한 결과가 결코 우연히 이루어진 것이 아님을 말해 준다는 것이다.

현자 아시따와 유사한 인물이 기독교 바이블에도 있다. 그

붓다의 신화

「관상」
현자 아시따가 왕자의 관상을 보고 있다, 간다라, 2~3세기경,
파키스탄 라호르박물관.

6 아기 붓다의 미래에 대한 예언

가 바로 '시므온'이다. 『루가의 복음서』에는 다음과 같은 내용이 있다. 시므온은 예루살렘에서 의롭고 경건하게 살고 있었다. 시므온이 성령의 인도를 받아 성전에 들어갔더니 마침 예수의 부모가 첫아들에 대한 율법의 규정을 지키려고 어린 아기 예수를 성전에 데리고 왔다. 그래서 시므온은 그 아기를 두 팔로 받아 안고 하느님을 찬양하였다.

"주여, 말씀하신 대로 이 종은 평안히 눈감게 되었습니다. 주님의 구원을 제 눈으로 보았습니다. 만민에게 베푸신 구원을 보았습니다. 그 구원은 이방인들에게는 주의 길을 밝히는 빛이 되고, 주의 백성 이스라엘에게는 영광이 될 것입니다."

시므온은 아기의 부모를 축복하고 나서 마리아에게 이렇게 말하였다.

"이 아기는 수많은 이스라엘 백성들을 넘어뜨리기도 하고 일으키기도 할 분이십니다. 이 아기는 많은 사람들의 반대를 받는 표적이 되어 당신의 마음은 예리한 칼에 찔리듯 아플 것입니다. 그러나 그는 반대자들의 숨은 생각을 드러나게 할 것입니다."

아시따의 예언은 왕자가 왕이 되는 것이 아니라 출가 수행자로서 붓다가 되리라는 것이었고, 시므온의 예언은 예수에게 엄청난 수난이 있을 것임을 말해 준다. 우리는 이러한 예언에 관한 신화를 보고 우리의 운명도 이처럼 결정되어 있는 것은 아닌지 의구심을 가질 수 있다.

붓다의 신화

그러나 예언 신화는 운명론적인 철학을 담고 있다기보다는 인간의 희망을 담고 있다고 보아야 한다. 인간으로서 진리를 깨달은 자가 나타나기를 열망하는 마음이 아시따 같은 현자의 예언에 나타나고, 신의 뜻을 구현할 구원자가 나타나기를 열망하는 마음이 시므온 같은 현자의 예언에 나타나고 있는 것이다. 아시따의 예언은 싯닷타가 결국에는 출가할 것임을 예고하고 있고, 시므온의 예언은 예수가 결국에는 비극을 맞이할 것임을 예고하고 있다.

예언대로 될 것이라면, 더욱이 붓다가 전생에서부터 원력을 세워서 이 세상에 온 것이라면 왜 29년이라는 긴 세월을 출가할 것인지 말 것인지 고민해야 했고, 6년이라는 긴 세월 동안 고행할 필요가 있었을지 의문이 간다. 이 역시 예언은 신화적으로 이해해야 한다고 생각한다. 신화는 인간의 집단적인 소망을 표현한 것이기 때문에 그 집단적인 소망에 걸맞게 이야기가 만들어졌다는 것이다.

현자의 예언은 위대한 붓다가 현생에 열심히 노력해서 이루어지는 것이 아니라 이미 결정되어 있다고 말하는 듯도 싶다. 물론 그런 면이 있지만, 그 또한 인도인이 가진 집단적 무의식의 소산이다. 주지하다시피 당시 인도인들은 열심히 노력해서 성공한 자수성가형보다는 이미 빼어난 피를 물려받아 영웅의 운명을 타고난 이를 더 존경했다. 붓다 신화도 인도인의 집단적 소망의 반영이다.

붓다의 가르침을 제대로 알고 실천하는 진정한 불자는 예언에 의지하거나 예언을 믿지 않는다. 오직 붓다의 가르침을 열심히 공부하고 실천할 뿐이다. 만약 예언을 꼭 믿어야 한다면, 그 예언은 누구든지 붓다의 가르침을 공부하고 실천한다면 '반드시 붓다가 될 수 있다!'가 될 것이다.

붓다의 신화

7

삶의 현장이
곧 선정의 공간이다

우리나라가 엄연히 농업 국가였던 시절, 대통령이 들에 나가 모를 심거나 벼를 베는 모습을 텔레비전 뉴스를 통해 볼 수 있었다. 농업 국가였던 까삘라왓투에서도 매년 농경제(農耕祭)라는 행사가 열렸다. 왕과 대신들이 들에 나가 농부들과 함께 일을 하며 민심을 돌보는 행사였다. 이 농경제에서 어린 붓다의 특별한 신화가 탄생한다.

『대불전경』에는 농경제 모습을 대단히 장엄하게 그려 놓았다. 행사가 열리는 논에는 모두 일천 개의 쟁기가 준비되는데, 그중 팔백 개의 쟁기가 왕과 대신들을 위한 것이었다. 대신들에게 할당된 쟁기는 모두 은 장식품들로 장엄되어 있고, 멍에를 멘 소와 몰이막대까지 준비되었다. 왕이 다루게 될 쟁기는 붉은 금으로 장식되었다.

『밀린다왕문경(彌蘭陀王問經)』에 따르면, 처음으로 농경제에 참여한 왕자는 겨우 생후 1개월째였다. 행사장 근처의 시원한 잠부나무 아래에 시녀들은 붉은 비단을 깔고 그 위에 어린 왕자를 뉘었다. 위에도 붉은 비단으로 천장을 만들고 아름다운 휘장을 친 다음 시녀들이 왕자를 지키고 돌보았으며 호위병들이 배치되었다.

행사장에서는 천 개의 쟁기가 한꺼번에 움직이기 시작했다. 오늘날 같으면 언론사의 카메라들이 한꺼번에 셔터를 누르거나 영상 촬영에 좋은 자리를 잡기 위해 치열한 경쟁이 벌어질 순간이었다. 사방에서 박수갈채와 환호성이 터졌다. 인파를 피해 행사장이 보이지 않는 곳에서 왕자를 돌보던 시녀들과 호위병들은 행사장 광경이 궁금하기 짝이 없었다. 『대불전경』에 따르면 왕자를 돌보던 시녀들과 호위병들은 궁금증을 못 이겨 모두 농경제를 구경하러 가게 된다. 그런데 홀로 남은 왕자에게 믿을 수 없는 일이 발생한다.

붓다의 신화

아기 왕자는 조용히 주위를 둘러보고는 아무도 없다는 것을 확
인하고 그 자리에 결가부좌 자세로 앉았다. 그러고는 숨을 들이
쉬고 내쉬는 것에 집중함으로써 색계 초선을 성취했다. 어디까
지나 이 부분은 신화임을 감안해야 한다. 생후 1개월밖에 되지
않은 갓난아기가 어떻게 결가부좌가 가능하겠는가? 『밀린다왕
문경』에서 나가세나 존자는 밀린다왕에게 왕자가 제4선의 경지
에까지 도달했다고 전한다.

"대왕이여! 일찍이 보살이 생후 1개월이었을 때의 일입니
다. 아버지가 일을 하고 있을 때 보살은 시원한 잠부나무 그늘,
길상의 자리에서 결가부좌하고 갖가지 욕망을 떠나고 착하지
않은 것들을 여의었고, 성찰 작용과 고찰 작용이 있었으며, 멀리
떠남으로부터 생긴 기쁨과 안락함이 있는 제1선의 경지에 도달
하여 그곳에 안주하였습니다. 그리고 제4선의 경지에 도달하여
그곳에 안주하였습니다."♦

시녀들과 호위병들은 넋을 잃고 농경제를 구경하였다. 어느

♦ 불전간행회 엮음, 이미령 역, 『밀린다왕문경(2)』, 민족사, 2000; 『彌蘭王問經』 卷
   17(N[한역남전대장경]64.93a8 - 10; PTS.Mil.366): "菩薩曾生一個月之時, 作父
   釋迦之業務時, 於涼閻浮樹之蔭, 於吉祥之臥牀, 結跏趺坐, 離諸欲, 離不善法, 有
   尋有伺達自離生喜與樂之初禪而住 …… 乃至 …… 達第四禪而住."

덧 시간은 정오를 지나 오후에 접어들자 나무들은 그림자의 방향을 바꾸어 가고 있었다. 그런데 희한한 일이었다. 왕자가 앉아 있는 잠부나무 그늘은 시간이 지나도 처음의 둥근 모양 그대로였다. 정신을 차리고 왕자 곁으로 돌아온 시녀들은 가부좌를 틀고 앉아 있는 왕자를 보고 소스라치게 놀라는 한편, 그 모습이 너무도 성스러워 저절로 합장하였다. 그들은 급히 왕에게 달려가서 그 사실을 고했다.

"대왕이시여, 왕자가 특별한 자세로 평안하게 앉아 있습니다. 그 모습이 지극히 성스러워 보입니다. 그리고 다른 나무의 그늘은 태양의 움직임에 따라 변하고 있는데, 왕자가 앉아 있는 잠부나무의 그늘은 정오가 지났는데도 처음의 둥근 모양을 그대로 유지하고 있습니다."

숫도다나왕도 믿을 수 없다고 생각하며 왕자가 앉아 있는 곳으로 달려갔다. 그리고 자신의 눈으로 직접 이 특별한 기적을 보고 감탄했다.

"아, 거룩한 아들이여! 이것으로 너의 아버지인 내가 너에게 두 번째로 경배하게 되는구나."

숫도다나왕은 아들에게 사랑과 숭배의 마음을 담아 절을 올렸다. 숫도다나왕은 아들에게 세 번의 중요한 예경을 올렸다고 한다. 룸비니에서 태어난 아기가 궁궐에 도착하여 아버지와 마주했을 때, 싯닷타가 선정에 든 모습을 보았을 때, 붓다가 고

향을 방문했을 때, 이 세 번이다.

'위없는 깨달음의 길'이 바로 그 선정에 있었다

『맛지마 니까야』의 「쌋짜까에게 설하신 큰 경(Mahāsaccaka-sutta)」에서 붓다는 자이나교도 쌋짜까에게 당신의 깨달음의 과정을 길게 설명했는데, 바로 다음과 같이 말했다.

"악기웻싸나여, 그때 나에게 이와 같은 생각이 떠올랐다. '아버지가 삭까족의 농경제 의식을 거행하실 때 나는 시원한 잠부나무 그늘에 앉아서 감각적 욕망을 완전히 떨쳐 버리고 해로운 법들을 떨쳐 버린 뒤 일으킨 생각과 지속적 고찰이 있고, 떨쳐 버렸음에서 생긴 희열과 행복이 있는 초선을 구족하여 머물렀던 적이 있었는데, 혹시 그것이 깨달음을 위한 길이 되지 않을까?' 악기웻싸나여, 이 기억을 따라서 내게 '이것이야말로 깨달음의 길이다.'라는 확신이 들었다."

붓다는 갖은 고행이 모두 소용없음을 확인한 후 바로 잠부나무 아래서 선정에 들었던 기억을 불러일으켰고, 그 기억을 되살려 정진한 끝에 진정한 깨달음의 길에 도달했다. 잠부나무 아래서 선정에 들었던 일이 그만큼 중요한 것이었다.

우리는 여기서 붓다가 계(戒)·정(定)·혜(慧) 등 세 가지 배움을 말했던 것을 염두에 둘 필요가 있다. 계는 바른 생활이요, 정은 마음을 고요히 함이요, 혜는 마음을 지혜롭게 함인데, 계와

정이 모두 궁극적인 깨달음[慧]의 길로 가는 바탕이 됨을 우리는 이 신화 속에서도 분명히 확인할 수 있다.

삶의 현장이 곧 선정의 공간이다

『불본행집경』은 싯닷타 왕자의 선정 경험을 다른 각도에서 그리고 있다. 왕자의 나이 12세 때에 숫도다나왕은 삭까족 동자들과 함께 들에 나가 쟁기질하는 것을 구경하였다.

농부들은 거의 벌거숭이로 쟁기질을 하고 있는데, 소의 속도가 느려지면 소의 엉덩이를 고삐로 사정없이 후려치곤 했다. 뼈만 남은 몸으로 무거운 쟁기를 땅에 깊숙이 박은 채 땀으로 범벅이 된 농부와 드러눕고 싶어도 채찍질 때문에 할 수 없이 느릿느릿 앞으로 나아가는 소의 모습은 싯닷타에게 참으로 처참해 보였다. 그때 왕자는 더욱 충격적인 장면을 목격한다. 보습날 사이로 하얀 벌레들이 모습을 나타냈는데, 그 벌레들을 새들이 날아와 재빠르게 쪼아 먹었던 것이다. 싯닷타는 생각했다.

'아아, 세간의 중생들은 먹고 먹히는 관계 속에서 나고 늙고 병들고 죽는 고통과 가지가지 고뇌 속에서 떠나지 못하는구나. 어찌하여 이들은 이 모든 괴로움으로부터 벗어날 고요한 지혜를 구하지 않으며, 나고 늙고 병들고 죽는 원인을 찾아 거기서 벗어남을 꿈꾸지 않는가? 나는 이제 고요하고 한가한 곳을 찾아

붓다의 신화

서 이 문제를 궁구하리라.'

왕자는 잠부나무 밑에서 이와 같은 문제를 골똘히 탐구하다가 깊은 선정에 들었다. 이 일화 속에서 왕자가 선정에 드는 장면은 마치 화두를 참구하는 선사의 모습과 비슷하지 않은가?

여기서 우리는 농경제와 선정의 관계 혹은 그 의미를 다시 한번 생각해 본다. 농경제는 먹고 먹히는 관계, 나고 늙고 병들고 죽는 뭇 생명의 삶의 모습과 다름없다. 싯닷타 왕자는 실제로 농경제에서 중생들의 실상을 적나라하게 관찰한다. 농부들의 피폐한 삶과 채찍을 두들겨 맞으며 일해야 하는 소들의 고통, 쟁기질을 할 때 흙 속에서 튀어나오는 생명체들, 보습날에 찍히는 벌레와 그 벌레를 쪼아 먹는 새, 이런 뭇 생명의 모습이 축제가 되는 현장이 곧 농경제였다.

그 농경제와 관련하여 어린 붓다가 선정에 들었다는 것은 큰 의미가 있다. 선정은 삶과 관련된 번뇌로부터 고요해지는 일이지만, 한편으로는 삶의 한가운데서 이루어지는 것이기도 함을 이 일화는 잘 보여 주고 있다는 것이다. 농경제보다도 더 생생한 삶의 현장에 있는 우리도 어린 시절 선정에 들었던 붓다의 모습을 떠올리면서 수행한다면 수행에 큰 성취 있을 것임을 믿어 의심치 않는다.

8

활쏘기 대회에서
승리하고
태자비를 맞이하다

신성한 활과 아름다운 신붓감 찾기

인도의 전통 사회에서는 훌륭한 집안의 딸을 두고 많은 구애자
가 있을 때 좋은 신랑감을 찾기 위한 대회가 열리곤 했다. 신화
속에서도 훌륭한 신랑감들 간의 치열한 경쟁은 큰 흥미를 불러
일으킨다. 인도의 대서사시 『마하바라타(Mahābhārata)』에서는 판
다바 형제의 셋째 아르주나가 드라우빠디라는 아름다운 공주를
얻기 위해 기라성 같은 경쟁자들을 물리쳤으며, 또 다른 대서사
시 『라마야나(Ramayana)』의 주인공 라마도 경쟁자들을 물리치
고 위데하 왕국의 공주 시타를 품에 안는다.

그런데 흥미로운 것은 이들 대회에서 모두 매우 다루기 힘

붓다의 신화

든 신성한 활이 등장한다는 것이다. 『라마야나』의 위데하 왕국
에는 시바 신이 사용했다는 활이 대대로 전해져 오는데, 그것은
쏘기는커녕 들어 올리지도 못할 정도로 무거운 것이었다. 그래
서 대회는 사실상 시바의 활을 들어 올려서 활줄을 걸고 화살을
매긴 채로 당기기만 해도, 아니 활을 들어 올리기만 해도 대회에
우승할 수 있는 상황이었다. 그런데 그 활을 라마가 들어 올려서
줄을 걸고 화살을 매긴 다음 잡아당기자 그 활이 그만 부러지고
만다. 그것으로 대회는 라마의 승리였다.

『마하바라타』에서 빤짤라 왕국의 드루빠다왕은 아름다운
공주 드라우빠디의 신랑감을 찾기 위해 대회를 열었다. 여기서
도 특별한 활이 등장한다. 드루빠다왕은 힘센 사위를 얻기 위해
매우 단단하고 굽히기 어려운 활을 만들어서 그 활을 자유자재
로 다룰 수 있는 사윗감을 찾고 있었다. 드라우빠디의 미모와 인
격에 관한 소문을 들은 수많은 신랑감들이 여러 나라에서 찾아
왔지만 모두 활을 들어 올리지도 못했다. 그때 아르주나가 등장
하여 그 활을 마치 오래전부터 다루어온 듯이 자연스럽게 들어
올려 활줄을 걸고 화살을 매긴 후 시위를 당겨 금빛 과녁을 가
볍게 뚫어 버렸다.

이렇게 신성한 활은 아름다운 신붓감을 찾는 특별한 매개
체였다. 그런데 그 신성한 활이 붓다의 신화, 싯닷타의 청년 시
절에도 등장한다.

아름다운 신부를 얻기 위한 활쏘기 대회

싯닷타의 혼인에 대해서는 문헌에 따라 내용이 약간씩 다르다. 여기서는 여러 문헌의 내용을 간추려서 전하도록 한다.

왕자의 나이 16세♦, 숫도다나왕은 아들을 위해 우기와 건기, 그리고 겨울에 쓸 궁전을 각각 지어 주고는 이렇게 생각했다.

'내 아들이 이제 16세가 되었다. 이제 내 아들을 혼인시키고 태자로 책봉해야겠다.'

숫도다나왕은 삭까족 장로 회의를 소집하고 왕자의 혼인 문제를 의논하였다. 대신들이 다투어 자신의 딸을 추천하자 숫도다나왕은 그 결정권을 왕자에게 맡기겠다고 말한다. 왕자는 자신의 의사를 밝혔다.

"젊고 건강하며 아름다우면서도 교만하지 않고, 삿된 생각을 품지 않고, 시부모를 자기 부모처럼 섬기며, 주위 사람들을 자신의 몸처럼 돌보고 부지런한 여인이라면 승낙하겠습니다."

숫도다나왕은 여러 가지 보배로 노리개를 만들어 왕자에게 주면서 그것을 성안의 처녀들에게 나누어 주도록 했다. 그러고는 대신들로 하여금 왕자가 어느 처녀에게 호감을 갖는지 지켜

♦ 『대불전경』은 16세라고 하고 『불본행집경』은 19세라고 하는데, 그 당시는 일찍 혼인하는 시대인 데다가 숫도다나왕이 왕자가 가정적으로 어서 안정되기를 바랐다는 점에서 16세였을 가능성이 높다고 본다.

붓다의 신화

보도록 했다.

왕자가 신붓감을 모색한다는 소식이 이웃 나라 꼴리야(Koḷiya)에까지 전해졌다. 꼴리야의 왕 숩빠붓다(Suppabuddha)는 외동딸 야소다라(Yasodharā)에게 넌지시 권하였다.

"너도 가서 싯닷타 왕자에게 노리개를 받아오너라."

수많은 처녀들이 왕자에게 노리개를 받으러 모여들었다. 싯닷타 왕자를 본 처녀들은 그의 멋진 모습에 넋을 잃을 지경이었다. 어떤 처녀는 왕자의 위력에 눌려 고개도 들지 못하고 노리개를 받았다. 준비된 노리개가 이미 동이 났을 때 야소다라가 나타났다. 야소다라는 왕자에게 예를 갖춘 후 말했다.

"저에게도 노리개를 주십시오."

왕자는 야소다라를 바라보았다. 그녀는 키가 크지도 작지도 않고, 몸매가 뚱뚱하지도 야위지도 않고, 피부가 희지도 검지도 않았으며, 표정과 몸짓은 명랑하면서도 단정했다.

"노리개가 남아 있지 않습니다. 대신 가락지를 드리겠습니다."

왕자는 손가락에 끼고 있던 가락지를 빼서 야소다라에게 주었다. 그것으로 사실상 신붓감은 야소다라로 결정되었다. 소식을 들은 숫도다나왕은 꼴리야의 숩빠붓다왕에게 대신을 보내어 청혼의 뜻을 전했다. 숩빠붓다왕은 말했다.

"우리 집안은 대대로 학문과 무예를 겸비한 대장부만을 사위로 맞이해 왔습니다. 싯닷타 왕자는 궁궐에서 곱게 자란 나머지 학문과 무예를 충분히 익히지 않았다고 들었습니다. 내 딸을 원하는 수많은 청년들과 겨루어 승리한다면 원하시는 대로 딸을 보내도록 하지요."

여러 문헌에서 싯닷타 왕자는 학문과 무예를 따로 익히지 않았다고 말한다. 왕자가 출가할까 염려한 왕이 왕자가 세상의 이치를 빨리 아는 것을 두려워했기 때문이다. 당연히 숩빠붓다 왕의 제안을 들은 숫도다나왕은 걱정이 앞섰다. 아버지가 걱정하고 있음을 눈치챈 왕자는 말했다.

"아버지시여, 걱정하지 마시고 스와얌바라(Ⓢsvayaṃvara)*에 보내 주십시오."

숫도다나왕은 걱정이 앞서면서도 아들을 행사장에 보냈다. 야소다라 공주를 두고 펼쳐진 스와얌바라에는 그야말로 기라성 같은 삭까족의 청년들이 나타났다. 그중에는 싯닷타의 사촌들도 있었다. 어린 시절부터 훌륭한 스승 밑에서 단련해 온 그들은 모두 내로라하는 실력을 자랑하였다. 그들에 비해 싯닷타 왕자는 상대적으로 준비가 덜 된 편이었다.

그러나 수학 과목과 논쟁 과목에서 싯닷타 왕자는 발군의

◆ 스와얌바라(Ⓢsvayaṃvara): 대체로 왕족의 딸의 신랑감을 찾기 위해 치러지는 무술 대회.

실력을 보여 주었다. 수많은 생애에서 공덕을 쌓았고, 더욱이 중생 구제의 원력을 분명히 세운 싯닷타 왕자는 이번 생애에 큰 수련을 하지 않았음에도 지난 생애에서 닦았던 것을 그대로 가지고 있었던 것이다. 싯닷타를 제외한 청년들은 이제 무예를 겨루는 시합에 기대를 걸었다. 사색형인 싯닷타가 무예에는 약할 것이라고 생각했기 때문이었다.

무예 과목 중에서는 역시 활쏘기가 관건이었다. 2구로사[Ⓢkrośa, 俱盧舍]◆마다 쇠북을 세워 놓고 쏘아 맞히는 경기인 활쏘기에서 대부분의 청년들은 2구로사나 4구로사의 과녁을 맞히는 것으로 족했다. 데와닷따(Devadatta)가 4구로사의 과녁을 맞히자, 난다(Nanda)는 6구로사를 맞혔고, 마하나마(Mahānāma)는 8구로사의 쇠북을 맞혔다. 싯닷타는 10구로사에 쇠북을 놓고 활을 당겼다. 그런데 활이 우지끈 부러져 버리고 마는 것이었다. 싯닷타는 시험관에게 말했다.

"내가 힘껏 당겨도 괜찮은 활은 없습니까?"

숫도다나왕이 흐뭇한 미소를 지으며 대신에게 명하였다.

"나의 부왕이신 시하하누왕께서 쓰시던 활을 가져오시오.

◆ 구로사[Ⓢkrośa, 俱盧舍]: 고대 인도의 거리 단위로 1구로사는 소의 울음소리가 들리는 거리를 말하며, 대략 4리에서 5리 정도의 거리이다. 문헌에 따라 여러 가지로 설명된다.

시하하누왕께서 돌아가신 후로는 활줄을 걸 사람조차 없었는데, 싯닷타 왕자가 다룰 수 있을지 모르겠구려."

활을 받아 든 왕자는 단숨에 활줄을 걸고 힘차게 시위를 당겼다가 놓았다. 엄청난 굉음과 함께 날아간 화살은 10구로사 거리의 쇠북을 정확하게 관통하였다. 이때 왕자가 쏜 화살은 하늘에서 인드라 신이 잡았다. 인드라는 화살을 기념물로 만들고 그화살이 날아온 날을 명절로 삼아 매년 꽃과 향을 화살 앞에 공양하였다.

그 뒤에도 검술과 말과 코끼리 다루기 등의 무예를 겨뤘지만, 모두들 싯닷타 왕자에게는 상대가 되지 않았다. 심판관은 외쳤다.

"승리자는 싯닷타 왕자님이십니다."

명사수와 여장부

붓다의 생애 속에서 야소다라의 이미지는 잘 떠오르지 않는다. 야소다라는 싯닷타 태자의 아름다운 아내이지만 남편의 출가로 외로워졌고, 게다가 아들까지 진리를 위해 떠나보낸 약간은 비극적인 느낌을 자아내는 이름일 뿐이었다. 그러나 신화에 따르면 이미 야소다라는 오랜 생애 동안 붓다의 전생인 보살의 아내였다.

대부분의 문헌 속에서 야소다라는 매우 당당한 여성이었다.

그녀는 가마를 타고 궁전으로 들어서다가 비단 휘장을 걷어 버렸고, 나중에는 가마에서 내려 걸어서 들어갔다. 이 일화를 통해 보더라도 야소다라는 수줍음 많은 일반적인 여성이 아니었다. 사랑하는 아들을 진리를 위해 당당하게 출가시킬 수 있었던 여인이었으며, 마침내 스스로 출가의 길을 걸은 여장부였던 것이다.

활은 고대에 가장 무서운 무기였다. 아주 먼 거리에 있는 적도 물리칠 수 있는 신묘한 무기였다. 신화에 활이 많이 등장하는 것도 그 때문일 것이다. 특히 여장부인 크샤트리야의 딸을 신부로 맞이하려면 활을 잘 다루는 것이 관건이었던 것 같다. 라마도 아르주나도 싯닷타도 모두 명사수였다. 활은 무기이면서도 그 모양이 부드러운 곡선이다. 부드러운 곡선, 그러나 그 부드러움에서 강인한 힘이 나온다. 그것은 아름다운 여장부의 이미지와도 잘 어울린다.

아름답게 구부러진 나무에 질긴 줄을 걸고 당긴 후 놓는 활, 활의 재료가 되는 나무는 단단하면서도 부드럽게 굽을 수 있어야 하고, 줄은 팽팽해야 하지만 너무 지나쳐서는 안 된다. 최대한 당기긴 하지만, 당긴 채로 버티는 것이 아니라 마침내 놓아야 한다. 수행도 그러해야 하리라. 최대한 당길 수 있어야 하고, 마침내 놓아 버릴 수 있어야 한다. 붓다가 활을 잘 다루는 명사수였듯이, 우리 불자들도 '인생이란 활'을 잘 다루는 명사수가 되어야 하리라.

9

사문유관과
출가

사대문 밖 여행, 인생의 전환기

위대한 인물들에게는 대체로 인생의 전환기가 있다. 서산 대사
는 청년 시절 지리산 여행을 갔다가 한 노승을 만나 출가의 길
로 들어섰고, 성철 스님은 영가현각(永嘉玄覺, 665~713)의 「증도
가(證道歌)」를 읽고 새로운 세계에 눈을 떴으며, 광덕 스님은 요
양차 범어사에서 지냈던 것이 출가의 계기가 되었고, 법정 스님
은 명산대찰을 두루 기행한 것이 발심의 촉매가 되었다.

　궁중에서 화려한 생활을 하던 청년 싯닷타가 출가 수행자
가 되는 데에도 결정적인 계기가 있었음은 틀림없다. 지금까지
전해 오는 붓다의 다양한 전기들은 청년 싯닷타의 인생 전환의

계기는 사문유관(四門遊觀), 즉 사대문 밖 여행이라고 말한다.

도대체 저 사람에게 무슨 일이 일어난 것이냐

싯닷타 왕자는 궁중의 화려한 생활에도, 아름다운 야소다라와의 혼인 생활에도 만족할 수 없었다. 왕자는 태어나기 전에 이미 도탄에 빠진 세상을 구원하겠다는 큰 발원을 하고 이 땅에 왔으니, 본연의 길이 아닌 궁중 생활에 만족할 수는 없었던 것이다.

왕자가 28세가 되었을 무렵이었다. 늘 사색에 잠겨 있는 왕자를 위해 숫도다나왕이 제안했다.

"태자를 위해 경치 좋은 곳에 나들이를 다녀오도록 하라!"

마침 싯닷타 왕자도 바깥세상을 구경하고 싶었다. 이때 천신들이 작전을 세운다.

"왕자가 궁중 생활에 젖어서는 안 된다. 그는 위대한 출가를 단행하기 위해 이 세상에 태어났으니, 이번 여행을 통해 그의 본분을 일깨워 주도록 하자."

아름답게 장식된 마차를 타고 왕자는 동쪽 대문을 통해 바깥세상으로 나갔다. 그때 한 천신이 노인으로 변장하여 왕자가 가는 길목에 앉아 있었다. 노인은 희디흰 머리에 등은 기역 자로 굽었고, 삐쩍 마른 몸매에 쭈글쭈글한 주름이 온몸을 덮었으며, 이는 하나도 없고, 가만히 있는데도 침이 줄줄 흘렀다. 천신이 변장한 것이기 때문에 이 모습은 싯닷타 왕자와 마부에게만 보였다. 노인의 모습을 본 왕자가 마부 찬나(Channa)에게 물었다.

"찬나야, 저 사람의 머리카락은 온통 희구나. 몸에 살이라곤 하나도 없고 등은 휘었으며, 침을 줄줄 흘리면서 사시나무처럼 떨고 있구나. 도대체 저 사람에게 무슨 일이 일어난 것이냐?"

마부 찬나가 대답했다.

"태자시여, 저 사람은 노인입니다."

전설에 따르면, 왕자는 그동안 노인을 한 번도 본 적이 없었다. 숫도다나왕이 왕자의 마음이 조금이라도 불편할 수 있는 것은 일절 볼 수 없도록 조치했기 때문이었다. 그렇다 하더라도 누구보다도 명민했고 제왕의 교육까지 받은 싯닷타 왕자가 노인이 무엇인지 몰랐다는 것은 말이 되지 않는다. 어쨌든 신화는 싯닷타의 출가 동기를 더욱 극적으로 만들어 주기 위해 계속된다.

"태자시여, 노인이란 이 세상에서 오래 살아서 기운이 쇠진한 나머지 앞으로 살날이 얼마 남지 않은 사람입니다. 저렇게 노인이 되어 가는 것을 '늙음'이라고 합니다."

"그렇다면 찬나야, 왕자인 나도 저렇게 되느냐? 나도 늙어 가게 되느냐?"

"그렇습니다, 태자시여. 누구도 '늙음'으로부터 벗어날 수는 없습니다. 태자님께서도 세월이 흐르면 늙어서 노인이 되십니다."

"아아, 찬나야! 더 이상 바깥세상을 즐길 수가 없구나. 누구나 늙음의 고통으로부터 벗어날 수 없는 세상에서 무엇을 즐긴단 말이냐. 어서 궁전으로 돌아가자."

싯닷타 왕자의 동대문 외출은 이렇게 끝나고 말았다. 태자가 더 깊은 시름에 잠긴 것은 물론이었다.

태어난 이는 누구나 한 번 이상은 병에 걸립니다

숫도다나왕은 싯닷타 왕자가 동대문을 외출하고 더욱 깊은 시름에 잠겼다는 소식을 듣고, 왕자가 궁중 생활의 쾌락에 빠질 수 있도록 온갖 노력을 기울였다. 그러나 그것에 왕자가 만족할 리는 만무했다.

왕자는 이번에는 남대문을 통해 두 번째 외출을 나갔다. 천신들은 다시 병자로 변신하여 왕자가 가는 길에 나타났다. 그 병자는 자신이 배설한 오물 위에 누워서 꿈틀거리고 있었는데 눈이 퉁퉁 부어 있어서 앞을 제대로 보기 힘들었고, 너무도 고통스러워 신음 소리를 내다가 날카로운 소리를 지르기도 했다. 왕자가 병자의 모습을 보고 깜짝 놀라 마부에게 물어보았다.

"찬나야, 도대체 저 사람은 왜 저렇게 똥덩이 위에 누워 있는 게냐? 눈은 퉁퉁 부어 있고, 날카로운 괴성을 지르기도 하는구나. 저 사람은 도대체 누구냐?"

"태자시여, 저 사람은 병이 들어서 저렇게 고통스러워하고 있습니다. 저런 사람을 '병자'라고 합니다."

"저 사람만 병자인가? 다른 사람도 병자가 될 수 있느냐? 나도 병자가 되느냐?"

"태자시여, 태어난 사람은 일생에 누구나 한 번 이상은 병이 들게 되어 있습니다. 송구스럽게도 태자님께서도 언젠가는 병이 드셔서 병자가 될 것입니다."

왕자는 다시 고뇌에 잠겨 궁전으로 돌아오고 말았다.

죽은 사람은 다시는 만날 수 없습니다

또 몇 달이 지난 후 왕자는 다시 서대문을 통해 외출하였다. 천신들은 이번에는 죽은 사람을 들쳐 멘 사람들이 화장터로 가는 모습을 연출하였다. 마부를 통해 죽음에 대해 들은 왕자는 마부에게 물었다.

"찬나야, 다른 사람도 저 사람처럼 죽게 되느냐? 나도 저 사람처럼 죽게 되느냐?"

"태자시여, 모든 사람은 태어난 이상 죽음을 피할 수 없습니다. 송구스럽게도 태자님께서도 죽음으로부터 자유롭지 못하십니다."

"오, 찬나야! 도대체 이 무슨 잔인한 운명이란 말이냐? 누구

붓다의 신화

나 다 죽게 되고, 죽게 되면 더 이상 만날 수 없게 되는 것이냐? 아버지나 친족들이 죽게 되면 그들을 더 이상 만날 수 없게 된단 말이냐?"

"태자시여, 참으로 서글프게도 그렇습니다. 사람이 죽으면 그 사람은 더 이상 만날 수 없습니다."

"찬나야, 발길을 돌려라! 나는 더 이상 바깥세상을 즐길 수 없구나."

이렇게 싯닷타 왕자는 늙음과 병듦과 죽음을 차례대로 알게 되었다. 물론 20대 후반의 건실하고도 영리한 청년이 그 나이가 되도록 늙음과 병듦과 죽음을 몰랐다는 것은 말이 되지 않는다. 그럼에도 이와 같은 이야기가 만들어진 것은 붓다가 바로 그 늙음과 병듦과 죽음을 극복하기 위해 출가했음을 강조하기 위함이다. 어쨌든 청년 싯닷타가 20대 후반 여행 중에 출가를 결심하게 되는 결정적인 계기를 만났음에는 분명하다.

나도 출가사문이 될 수 있을까

동대문에서 만난 노인(늙음)과 남대문에서 만난 병자(병듦), 서대문에서 만난 죽은 이(죽음)는 싯닷타를 더욱 깊은 고뇌로 이끈 화두였다.

"사람은 왜 누구나 태어나면 늙음과 병듦과 죽음의 고통에

시달려야 하느냐? 늙음과 병듦과 죽음으로부터 벗어나는 길은 없을까?"

이것이 바로 싯닷타가 깨달음을 얻을 때까지 어깨에 짊어지고 다녔던 엄청난 무게의 화두였다. 싯닷타에게 다가온 화두를 풀 수 있는 길은 막막했다. 그런데 그 실마리가 그의 인생에 다가왔으니, 그것은 바로 북대문을 통한 여행이었다. 여행을 떠나면서도 왕자는 끊임없이 화두를 생각했다.

'늙음과 병듦과 죽음으로부터 벗어나는 길은 무엇일까?'

그때 천신들이 변신한 사문(沙門)이 눈앞에 나타났다. 그는 머리와 수염을 시원하게 깎고, 긴 천으로 몸을 두르고 있었다. 그의 걸음은 아주 가벼웠으며, 표정은 더할 수 없이 편안하였다.

"찬나야, 저 사람은 누구냐? 그는 다른 사람들과는 전혀 다르구나. 머리와 수염은 시원하게 깎았고, 입고 있는 옷도 여느 사람이 입는 것이 아니구나. 저 사람의 걸음은 가볍기 그지없고, 표정도 편안하기 그지없구나. 도대체 저 사람은 누구냐?"

"예, 태자님. 저 사람은 사문이라 하옵니다. 인연으로 얽매인 집을 나와서 세상을 자유롭게 떠돌아다니며 진리를 구하는 사람입니다."

'진리를 구하는 사람'이라는 말에 왕자는 갑자기 눈이 번쩍 뜨였다. 왕자는 마차에서 내려 사문에게 물었다.

"착한 분이시여, 당신은 누구십니까? 어찌하여 당신은 일반 사람들과는 머리 모양도 다르고 옷도 다릅니까?"

"왕자시여, 저는 출가사문입니다. 인연으로 얽매인 집을 나와서 세상을 자유롭게 떠돌아다니며 진리를 구하고 있지요. 인연으로 자란 머리와 수염을 자르고, 간편한 옷을 입었습니다."

"사문이시여, 나도 출가사문이 될 수 있습니까?"

"그렇습니다, 누구나 출가사문이 될 수 있습니다. 왕자님께서도 출가사문이 되실 수 있습니다."

여행에서 돌아오면서 왕자는 '그래, 나도 저 사문처럼 출가하여 사문이 되어야겠구나.'라고 생각했다. 그에게 화두가 하나 더 늘었다.

"어떻게 하면 나도 출가사문이 될 수 있을까?"

눈에 익은 것들로 들어찬 방에서 나와 보라

붓다의 생애 가운데 특별한 전환전이 되는 '여행'이 있었음은 분명하다. 그 여행이 '사문유관'이라는 신화로 각색되었을 가능성이 높다. 아무튼 이 신화 또는 청년 싯닷타의 사대문 밖 여행은 우리에게 때가 되면 우리 눈에 익숙한 것들로부터 벗어나는 여행을 떠나 보라고 권유한다. 그리하여 붓다가 자신이 가야 할 출가의 길을 찾았듯 우리도 낯선 곳으로의 여행을 통해 지난 생애에 세웠던 원력을 확인해 보라고 가르친다.

라이너 마리아 릴케(Rainer Maria Rilke, 1875~1926)의 명시집 『형상시집(Das Buch der Bilder)』(책세상, 1994)의 서시(序詩)의 한 구절을 상기해 본다.

네가 누구라도, 저녁이 되면
네 눈에 익은 것들로 들어찬 방에서 나와 보라.
- 라이너 마리아 릴케, 『형상시집』

"저녁이 되면"은 곧 '때가 되면'으로 받아들일 수 있고, "눈에 익은 것들로 들어찬 방"은 자신이 처한 현실이자, '나의 길'이라고 확신할 수 없는데도 습관적으로 받아들이고 있는 '나의 현 상황'이다. 그 방으로부터 나오는 것이 곧 여행이고, 그 여행 중에서 가장 긴 것은 출가(出家)이다.

붓다의 신화

「팔상도(八相圖) 사문유관상(四門遊觀相)」
청년 싯닷타가 사대문 밖에서 늙음·병듦·죽음·사문을 목격한 모습이다.
법주사 팔상전.

10 길 떠남은 영웅 탄생의 출발이다

출가(出家), 모험의 시작 - 죽을 때까지 계속되는 여행

할리우드의 스토리텔링 작가 크리스토퍼 보글러(Christopher Vogler)는 영웅의 가장 중요한 특징으로 '모험에 대한 소명'을 뽑았다. 모험은 당면한 문제로 위기에 처한 세상을 구원하는 것이거나 악마의 위협으로부터 선량한 사람들을 구원하는 것, 또는 뭇 사람들의 소망을 대리 만족시켜 주는 것이다. 역사상 최고의 영웅 붓다의 생애에도 '모험에 대한 소명'이 분명하게 나타나는 바, 그것은 병듦과 늙음과 죽음의 고통을 벗어나지 못하는 뭇 생명을 구원하는 것이었다. 어떤 영웅이 떠안은 소명보다도 어려운 이 과제를 청년 싯닷타는 왜 떠안게 되었을까?

그 소명은 신이 맡긴 것도 아니요, 우연히 떠맡게 된 것도 아니다. 세세생생 다져 온, 그리고 바로 직전의 전생에 굳건하게 다시 세운 '원력'에 따른 것이다. 그 모험의 시작, 소명 실천의 출발은 출가였다. 출가는 글자 그대로 안락한 집을 떠나는 것인데, 달리 말하면 세상 모든 것을 집으로 만드는 일이자 죽을 때까지 계속되는 여행이다.

붓다의 생애를 보건대, 전생에 아무리 원력을 굳건히 세웠다 해도 다음 생애에는 그 원력을 잊어버리기 십상인가 보다. 그래서 붓다의 신화는 청년 싯닷타가 출가의 소명을 잊어버릴까 봐 하늘의 신들이 자주 개입했다고 말한다. 출가의 소명을 확인시키기 위해 신들은 병자와 노인과 죽은 이와 출가사문을 싯닷타에게 보여 주었고, 그것이 싯닷타의 출가 의지를 확고하게 해 주었다는 것이다.

출가를 재촉해 준 아들 라훌라의 탄생

싯닷타 왕자의 출가를 재촉한 것은 아들의 탄생이었다. 태자비 야소다라가 아들을 낳았다는 소식을 들은 왕자는 "나를 포로로 붙잡아 둘 아수라 '라후(Rāhu)'*가 태어났도다. 큰 장애[rāhula]가 나타났도다."라고 말했다. 이 '라훌라'는 새 왕자의 이름이 되었다. 아들의 탄생이 출가의 장애가 된다는 뜻이나, 한편으로는 아들의 탄생이야말로 싯닷타로 하여금 홀가분하게 출가할 수 있게 한 면도 있다. 아들의 탄생으로 인해 왕자로서는 인도 전통 사회에서 요구하는 출산의 의무를 이행한 셈이 되고, 아버지의 왕위 계승자를 만든 셈이 되기 때문이다.

아들의 탄생 소식을 듣고 궁궐로 돌아오는 길, 거리는 새 왕자의 탄생을 축하하는 분위기가 한창 달아올랐다. 싯닷타 왕자가 도성 안에 들어오자 왕자의 사촌이기도 한 키사 코타미라는 아리따운 여인이 왕자의 모습을 보고 시를 읊었다.

떠오르는 태양 같은
최고의 지성을 갖춘
아들을 낳은 어머니
지극히 평화롭고 행복할 것이다
떠오르는 태양 같은

♦ 라후(Rāhu) : 인도 신화에 따르면, 라후는 천신[Ⓢdeva]의 적이었던 아수라(Asura)의 한 명이었는데, 불사의 감로수 암리타(amrita)를 신들이 줄을 서서 마시고 있을 때 태양과 달 사이에서 감로수를 마시다가 태양과 달이 방해하는 통에 감로수를 입에 넣기는 했으나 삼키지는 못했다. 라후는 감로수를 입에 넣은 덕분에 머리는 죽지 않게 되었으나 몸은 죽게 된다. 태양과 달에게 화가 난 라후가 복수하려고 둘을 쫓아다니게 되었는데 머리만 불사가 된 라후가 태양을 삼키면 너무 뜨거워서 뱉게 되고, 달을 삼키면 너무 차가워서 뱉게 되었다 한다. 그리하여 일식(日蝕)과 월식(月蝕)이 생겼고, 라후는 '일식' 또는 '월식'을 뜻하는 말이 되었다.

붓다의 신화

최고의 지성을 갖춘

아들을 낳은 아버지

지극히 평화롭고 행복할 것이다

탁월한 힘과 품위

최고의 지성을 갖춘

남편을 둔 아내는

지극히 평화롭고 행복할 것이다

이 노래를 들은 왕자는 가만히 생각했다.

'과연 어머니와 아버지, 아내는 지극히 평화롭고 행복한가? 나는 지극히 평화롭고 행복한가? 아니다. 모든 것을 갖추었음에도 지극히 평화롭고 행복하지 않다. 어떻게 해야 지극히 평화롭고 행복할 수 있을까?'

왕자는 다시 화두에 빠져들었다. 이 화두를 참구하기 위해서는 북대문에서 본 출가사문처럼 길을 떠나야 한다. 왕자의 출가에 대한 결심은 더욱 강해졌다.

마라여, 비키시오 나는 내 길을 갈 것이오

왕궁에서는 왕손 라훌라의 탄생을 축하하는 성대한 잔치가 칠일 동안 이어졌다. 늦게까지 계속되던 연회가 끝나고 조용하기

이를 데 없는 한밤중에 싯닷타 왕자는 홀로 일어났다. 아름답기 그지없었던 무희들은 가지각색의 모습으로 잠들어 있었다. 어떤 무희는 흐트러진 매무새로 입을 벌리고 침을 흘리고 있었고, 어떤 무희는 이를 갈면서 자고 있었고, 어떤 무희는 괴상한 소리를 내면서 잠들어 있었다. 왕자는 자신이 잠깐이라도 애욕에 빠진 적이 있었는지 돌이켜 보면서 애욕을 채우는 것으로는 결코 행복해질 수 없음을 절실히 느끼며 연회장을 나왔다.

'오늘이야말로 내가 출가하기에 참으로 좋은 날이다.'

싯닷타 왕자는 조심스럽게 아내 야소다라의 방으로 갔다. 아내와 아이가 평온하게 잠들어 있었다. 최대한 조용하게 떠나겠다고 마음먹은 왕자는 아내와 아이를 깨워 작별 인사를 할 수는 없었다.

'부지런히 수행하여 진정한 자유와 평화를 얻은 후에 다시 오겠소.'

마부 찬나의 방으로 가서 왕자는 조용히 찬나를 불렀다.

"태자님, 이 밤중에 무슨 일이십니까?"

"깐타까(Kanthaka)에게 안장을 얹어라. 함께 갈 곳이 있다."

왕자가 찬나와 함께 애마 깐타까의 등에 올라탄 채 궁궐의 큰문을 나설 때였다. 온갖 생명체의 욕망과 분노와 어리석음을 먹고 사는 악마 마라(Māra)가 왕자 앞에 나타났다.

"위대한 왕자시여, 출가할 생각일랑 거두시오. 당신은 출가하지 않으면 이 세상에서 가장 위대한 전륜성왕이 될 것이오. 그 영광스러운 미래를 버리고 어찌 황량한 들판으로 나아가려 하오?"

"마라여, 늙고 병들고 죽어 가는 사람들의 비명 속에서 내게 전륜성왕의 지위가 주어진들 무슨 소용이란 말이오. 비키시오. 나는 내 길을 갈 것이오."

왕자의 굳은 결심에 천신들은 환호하며 왕자의 주위를 호위했다. 천신들은 성문을 지키는 병사들의 눈에 띄지 않게 문을 열고 왕자가 가는 길을 환하게 밝혀 주었다.

왕자의 머리카락이 허공에서 꽃다발 되다

아노마(Anomā) 강둑에 도달한 뒤 왕자는 장신구를 풀어서 마부에게 주며 말했다.

"벗 찬나여, 말을 데리고 돌아가도록 하라. 나의 장신구는 네가 가져라. 나는 이제 출가사문이 될 것이다."

"태자님, 저는 평생 태자님을 따르며 살아왔습니다. 부디 저도 태자님과 함께 출가사문이 되어 태자님을 보필하도록 해 주십시오."

"아니다. 너는 돌아가 내 소식을 궁궐에 전해 주어야 할 것이야."

왕자는 긴 머리카락이 수행하는 데 번거로우니 잘라야겠다

고 생각하고, 왼손으로 머리카락을 쥐고 칼로 잘랐다. 그러자 손
가락 두 개 마디의 길이만큼만 남았다. 그 머리카락들은 오른쪽
으로 빙빙 돌아서 머리에 착 달라붙었다. 신화는 그 후로 붓다는
한 번도 머리를 자르지 않았으나 그 길이가 항상 유지되었다고
말한다. 실제로 경전에는 붓다가 삭발하는 장면은 물론이고 면
도하는 장면이 한 번도 나오지 않는다. 붓다의 머리가 전혀 자라
지 않았다는 것은 믿기 힘들지만, 경전에 붓다가 삭발하는 장면
이 한 번도 나오지 않으니 반박할 수도 없다.

『대불전경』은 또 믿기 어려운 장면을 전한다. 왕자는 자른
머리카락과 태자의 관을 들고 생각했다.

'만약 내가 진정한 자유와 평화를 얻을 수 있다면 이 머리카
락이 허공에 머물 것이고, 그렇지 못한다면 땅에 떨어질 것이다.'

왕자는 머리카락과 관을 허공으로 힘껏 던졌다. 그것들은 1
요자나 높이까지 올라가서 마치 못에 걸어 놓은 꽃다발처럼 허
공에 그대로 머물렀다. 한편 신들의 나라에서도 싯닷타 왕자가
공중에 던진 머리카락과 관이 보였다. 신들의 왕 인드라는 그것
들을 1요자나 크기의 보석 상자에 담아서 도리천으로 가져와
일곱 보배로 장엄하고는 높이가 3요자나인 탑에 안치했다.

붓다의 신화

출가는 널찍한 들판이며 번거로움이 없다

신화에 따르면 싯닷타 왕자의 출가에 대한 천신들의 관심은 대단했다. 왕자의 출가가 마치 천신들의 작품인 것처럼 보이기도 한다. 왕자가 가는 길에 노인과 병자와 죽은 이와 출가사문을 보여 준 것도 천신이고, 왕자가 성문을 나서자 어두운 길을 밝혀 준 이들도 천신들이다. 이는 고대 인도의 영웅에 대한 의식이 오늘날과는 다르기 때문이다. 오늘날에는 스스로의 힘으로 영웅이 된 이들이 더 추앙받을 수 있지만, 고대 인도에서는 신의 화신이거나 신들의 호위를 받는 영웅이 더욱 추앙받았기 때문이다. 어쨌든 이런 이야기가 역사적 사실이 아니라고 단정 지을 필요는 없지만 어디까지나 신화다. 다만 바른길을 가는 이에게는 선신(善神)들의 도움이 함께한다고 생각할 수는 있겠다.

나는 출가의 길을 선택한 청년 싯닷타의 고뇌가 얼마나 컸을지 짐작이 간다. 싯닷타 왕자에 비하면 가진 것이라고는 참으로 형편없었던 나도 가진 것을 모두 버리고 떠나는 것이 쉽지 않았기 때문이다. 왕위와 남편과 아버지의 지위를 버리고 출가한 싯닷타 왕자의 고뇌를 이해하는 것, 어쩌면 거기에 불교의 핵심이 있으며, 거기에 우리 불자들이 평생 가져야 할 화두와 그 화두의 답이 있는 것은 아닐까? 위대한 포기를 했던 붓다와 서산 대사의 출가에 대한 말씀을 다시 한번 되새겨 본다.

집에서 사는 생활은 비좁고 번거로우며 먼지가 쌓인다. 그러나 출가는 널찍한 들판이며 번거로움이 없다.

- 『숫따니빠따』「출가의 경(Pabbajjā-sutta)」

붓다가 출가하여 깨달음을 얻기 전 마가다(Māgadhā)국의 빔비사라(Bimbisāra)왕을 만나 한 말씀이다. 출가자에게 한없는 자부심을 갖게 하는 이 말씀은 한편으로 '널찍한 들판'이자 '번거롭지 않게' 살아야 한다는 출가자의 자세를 제시한 것이기도 하다. 서산 대사는 출가자의 자세를 다음과 같이 정리하였다.

출가하여 스님이 되는 일이 어찌 작은 일이겠느냐? 편하고 한가로운 생활을 구하는 것도 아니요, 따뜻하게 입고 배불리 먹고 살려는 것도 아니며, 명예와 이익을 얻으려는 것도 아니다. 생사의 괴로움에서 벗어나려는 것이요, 시비와 갈등을 불러일으키는 번뇌를 끊으려는 것이다. 부처님의 지혜를 이어 성불하려는 것이요, 삼계(三界)를 벗어나 모든 중생을 제도하려는 것이다.

- 서산휴정, 『선가귀감(禪家龜鑑)』

붓다의 신화

제 2 부

붓다,

기나긴 도전과
모험의 길

11

수행자는 안주(安住)하지 않는다

광활한 벌판에서 어디로 갈 것인가

왕자의 신분을 버린 싯닷타에게 광활한 벌판이 펼쳐졌다. 어디로 갈 것인가? 안락해지기 위해 출가한 것은 아니지만, 막상 갈곳이 분명치 않은 여행은 막막하기 그지없었다. 가도 가도 세상은 그저 길이었다.

세상의 보통 사람에게 길은 집으로 가기 위한 통로에 해당한다. 생각해 보자. 직장인들은 아침에 집을 나와 기나긴 길을 경유하여 직장에 간다. 열심히 일을 하고 나서 퇴근 시간이 되면 직장을 나서서 또 길을 경유하여 집으로 돌아온다. 여행을 떠나도 마지막 목적지는 집이다. 길의 종착지가 집이건만 출가자에게는 돌아갈 집이 없다. 오늘날처럼 어엿하게 승가(僧伽)가 형성되어 세상에 수많은 절이 있는 시대에는 절이라는 또 다른 집이 있는 셈이지만, 출가 직후의 싯닷타에게 길은 그저 허허벌판으로 이어져 있을 뿐이었다.

와타나베 쇼코[渡邊照宏]는 출가사문 싯닷타가 아노마강을 지나 마이네야에서 동쪽에 있는 꾸시나라(Kusinara)로 간 다음, 그 근처에서 동남쪽으로 방향을 바꾸어 지금의 간다크강과 갠지스강 주류의 샛길을 따라 웨살리(Vesali, 오늘날의 바이샬리)로 이동했다고 말한다. 다시 웨살리를 떠난 싯닷타는 라자가하(Rajagaha)로 향하는데, 웨살리와 라자가하 사이에는 파탈리푸트라(⑤Pataliputra, 오늘날의 파트나)가 있다. 따라서 까삘라왓투를 떠나 꾸시나라를 거쳐 라자가하까지 가는 이 길은 붓다가 반열반을 앞두고 라자가하를 출발하여 파탈리푸트라, 웨살리를 거쳐 꾸시나라로 가는 길과 거의 일치한다. 붓다가 출가의 길을 역으로 밟아서 열반의 길로 삼은 것도 당신의 일생을 정리하는 방법이 아니었을까 싶다.

싯닷타의 옷, 하늘에서 탑이 되다

본격적으로 길을 떠나기 전 머리와 수염을 자른 사문 싯닷타는 자신이 입고 있는 옷이 출가사문에게 어울리지 않다고 생각했다.

붓다의 신화

바이샬리의 불교 유적지 콜후아(Kolhua)
이곳에 중각강당(重閣講堂, 붓다가 교화를 베푼 장소)이 있었다고 하며,
아난다 스투파와 아쇼카 석주 등이 있다.

'내가 입고 있는 것은 까시(Kāsī)국에서 만든 너무나 호화로운 옷이다. 이 옷은 수행자에게 적절치 않다.'

이때 천신 가띠까라(Ghaṭīkāra) 범천이 싯닷타에게 출가자에게 필요한 필수품을 보시했다. 그것은 가사, 허리띠, 발우, 바늘과 실, 양치용 막대기를 만드는 칼, 물 여과기 등이었다. 싯닷타는 옷을 가사로 갈아입은 후 자신이 입고 있었던 화려한 옷을 공중으로 던졌다. 이를 가띠까라 범천이 받아서 색구경천(色究竟天)에 복장탑(服裝塔)을 세웠다. 이렇게 해서 하늘나라에는 청년 싯닷타의 머리카락을 보관한 탑과 의복을 보관한 탑 등 붓다의 출가와 관련된 두 개의 탑이 생겼다.

싯닷타는 마부 찬나에게 다시 한번 당부한다.

"찬나야, 너는 왕궁으로 돌아가서 내가 잘 지내고 있다고 전해 드려라."

찬나는 왕자의 애마 깐타까와 함께 돌아섰다. 깐타까는 왕자가 시야에서 보이지 않을 때까지 자꾸만 뒤돌아보더니 왕자가 시야에서 완전히 사라지자 '이제 다시는 주인을 만날 수 없구나.'라는 생각에 너무도 슬픈 나머지 그 자리에서 목숨을 놓아 버렸다. 깐타까가 죽은 장소에는 훗날 스투파(⑤stūpa, 탑)가 세워진다.

혼자가 된 사문 싯닷타는 멀고 먼 길을 하염없이 걸었으리라. 신화에 따르면 천신들이 끊임없이 싯닷타를 돕고 있지만, 그것은 어디까지나 신화이다. 궁궐에서 편안하게만 살던 왕자에게 그 여정은 참으로 힘든 것이었다. 수많은 벌레를 만났고, 수많은 물고기를 만났고, 수많은 새를 만났고, 수많은 들짐승과 산짐승들을 만났고, 수많은 사람을 만났으리라. 어떤 생명체든 늙고 병들고 죽어가는 고통을 벗어난 경우는 없었다. 싯닷타에게 그런 생명체들을 돌볼 여유가 있었을까? 황야를 걷고 또 걷다 보니 자신의 몸이 먼저 만신창이가 되었다. 발바닥은 부르트고, 무릎도 아프고, 배는 고프고, 목도 말랐으니, 어쩌면 출가를 후회했을지도 모른다는 짐작은 범부의 것이다. 전생에 이미 다진 원력으로 출가한 이에게 후회란 없었다.

웨살리의 고행림에서 고행자 박가와를 만나다

"모든 생명체가 병듦과 늙음과 죽음의 고통으로부터 벗어나는 길은 무엇일까?"

이 화두를 붙잡고 사문 싯닷타는 걷고 또 걸었다. 황야를 걸으면서 싯닷타는 아마도 자신에게 이 화두에 대한 해답을 가르쳐 줄 스승을 고대했을 것이다. 영웅 신화의 관점에서 인류 최고의 영웅 붓다가 스승을 만나는 것은 매우 자연스럽지만, 한편으로는 최고의 스승이 다른 스승을 만나는 것이 이상하기도 하다. 신화학자 조지프 캠벨(Joseph Campbell)은 소명 의식을 가진 영웅은 초자연적인 조력자를 만난다고 하였고, 캠벨의 연구를 스토리텔링에 응용한 크리스토퍼 보글러는 이를 '정신적 스승과의 만남'으로 구조화했다.

신화적인 논리로는 청년 싯닷타가 영웅이 되는 길에 스승을 만나는 것이 필요하지만, 싯닷타의 미래인 붓다가 최고의 스승이란 점에서 청년 싯닷타가 만나는 스승은 일시적인 스승일 가능성이 높다. 붓다의 일생을 기록한 고대의 문헌에 따르면 출가사문이 된 싯닷타는 세 명의 스승을 만나는데, 고행주의자 박가와(Bhaggavā), 명상가 알라라 깔라마(Āļāra Kālāma)와 웃다까 라마뿟따(Uddaka Rāmaputta)였다.

붓다의 전기에 따르면 고행주의자 박가와는 알라라 깔라마나 웃다까 라마뿟따에 비해 사문 싯닷타가 뭔가를 배운 스승은 아니었다. 그래선지 빠알리어 문헌에는 고행주의자 박가와 이야기가 거의 나오지 않는다. 산스끄리뜨 문헌인 『붓다짜리따』나 한문 문헌인 『불본행집경』에는 청년 싯닷타가 웨살리 근처 고행림(苦行林)에서 박가와를 만나는 장면을 꽤 비중 있게 그리고 있다. 특히 『불본행집경』에 따르면 박가와와 붓다는 각별한 인연이 있었던 것 같다.

『불본행집경』은 붓다가 이 세상에 태어난 날 특별한 두 그루의 금빛 나무가 박가와의 고행림에 솟아올랐다고 말한다. 두 나무는 대단히 높고 장대하였다. 그런데 그 두 그루의 나무가 청년 싯닷타가 출가하던 날 홀연히 사라져 버렸다. 나무가 발이 달린 것도 아니고, 높고 장대한 만큼 뿌리도 깊었을 텐데, 흔적도 없이 사라진 것을 두고 천신이나 악마의 장난이라고 여긴 박가와는 두 나무가 솟아올랐을 때 상서롭게 생각하여 기뻐한 만큼 불길하게 생각하고 걱정하였다.

'나의 기운이 이제 쇠잔해진 것이 아닐까? 뭔가 불길한 일이 있을 것 같다.'

박가와가 이런 걱정 속에서 나날을 보내고 있을 때 준수한 청년사문 싯닷타가 고행림으로 왔다. 박가와는 반가우면서도 두려웠다. 풀이 죽어 고개를 숙이고 있는 박가와를 향해 싯닷타가 먼저 말을 걸었다.

"존자시여, 무슨 까닭에 얼굴빛이 근심스러우며 머리를 숙이고 앉아 계십니까?"

"사문이시여, 지난날 나의 거처에 두 그루 금빛 나무가 땅에서 솟아나 참으로 높고 웅장하게 이 고행림을 장엄하였습니다. 그런데 며칠 전 그 두 그루의 나무가 홀연히 사라져 보이지 않습니다. 아무래도 불길한 조짐 같아서 이렇게 근심하고 있습니다."

"존자시여, 그 두 그루의 나무가 이곳에 솟아난 것은 언제쯤입니까?"

"지금부터 29년 전입니다."

"존자시여, 걱정하지 마십시오. 그 두 그루의 나무는 29년

전 내가 태어날 때 나의 복력으로 생긴 것입니다. 내가 전륜성왕이 되면 이곳에 원림(園林)을 만들 수 있도록 나무가 솟아올랐던 것입니다. 그런데 내가 출가하자 이곳에 전륜성왕의 원림도 만들어질 리 없으므로 그 두 그루의 나무도 사라진 것입니다. 불길한 징조가 아니니 존자께서는 걱정하지 마십시오."

전륜성왕이 되었다면 원림을 만들 장소에 싯닷타가 수행자가 되어 왔으니, 붓다와 박가와는 분명히 각별한 인연이었을 텐데 문헌에는 자세한 내용이 없다. 박가와를 안심시킨 후 싯닷타는 고행림의 곳곳을 둘러보았다. 싯닷타는 여러 수행자에게 물었다.

"나는 출가한 지 얼마 되지 않아 어떻게 수행해야 할지 모르겠습니다. 원컨대 자비심으로 수행하는 방법을 알려 주소서."

이에 한 수행자가 말했다.

"사람이 사는 마을이 아닌 곳에서 나는 깨끗한 물과 나뭇잎과 과실과 나무뿌리를 양식으로 하는 고행림에서는 갖가지 다른 도가 행해지고 있습니다. 어떤 자는 사슴같이 풀을 먹고, 어떤 자는 새와 같이 열매를 먹고, 어떤 자는 뱀과 같이 바람을 먹습니다. 어떤 자는 돌로 부순 것을 먹고, 어떤 자는 이빨로 낟알을 씹고, 어떤 자는 남이 남긴 것을 먹습니다. 어떤 자는 머리를 말아 올려 물로 적시고 만트라를 두 번 외우며 호마*를 하고, 어

♦ 호마: 나무를 불에 태워 신에게 바치는 의식.

붓다의 신화

떤 자는 물속에서 거북이와 삽니다. 오래도록 수행하면 뛰어난 자는 천상으로 가거나 적어도 인간계로 갑니다. 이처럼 고행으로 안락을 얻는 것이 우리 수행자들의 목표입니다."

싯닷타는 이 고행림의 수행으로는 결코 원하는 바를 얻을 수 없음을 알고 그 수행자에게 말했다.

"몸을 괴롭히는 방법으로 욕망을 달성하기 위해 다시 태어나기를 바라면 괴로움에 의해서 괴로움을 얻게 될 것입니다."

싯닷타는 고행자들에게 작별을 고했다. 그러나 그중 나이 많은 수행자가 조용한 목소리로 말했다.

"당신이 여기에 오셨을 때 이곳은 활기로 가득 찼습니다. 이제 떠나시면 이곳은 텅 빈 들판같이 될 것입니다. 부디 자애로움을 버리지 마소서. 간곡히 청하건대 좀 더 머물러 주십시오."

싯닷타는 부드러운 목소리로 말했다.

"친절하신 당신들을 버리고 떠나려니 저도 마음이 허전합니다. 그러나 저는 당신들과 수행하는 목적이 다릅니다. 당신들은 천상에 태어나려고 수행하나 저는 삼계에 다시 태어나지 않기를 바랍니다. 그래서 떠나고자 하는 것입니다."

수행자는 안주(安住)하지 않는다

나의 첫 배낭여행, 뉴델리의 파하르간지에 첫발을 디뎠을 때의 충격과 당혹감을 떠올려 본다. 어디로 가느냐고 물어보는 릭샤 왈라들, 물건을 사 달라고 들이미는 사람들, 길을 가로막고 있는 커다란 소들로 북적이는 거리는 이방인의 정신을 앗아 가 버렸다. 붓다의 신화는 청년 싯닷타가 천신들의 도움으로 무난하게 수행자의 생활을 시작한 것으로 묘사하고 있지만, 어쩌면 왕자의 옷을 버리고 황야에 뛰어든 싯닷타의 당혹감은 배낭여행자의 낯선 충격과는 비교도 되지 않은 것이었으리라.

그럼에도 붓다의 신화는 싯닷타의 출가 여정이 신들의 도움과 탁월한 인품에 힘입어 그저 평온했음을 끊임없이 강조하고 있다. 예수의 생애가 고난의 연속으로 그려진 것과는 대조되는 느낌이다. 예수의 경우 고난과 수난 속에서 문제를 해결함으로써 유일신의 아들임을 증명하는 신화가 필요했던 반면에, 붓다의 경우 태생을 중시하는 인도 민중에게 다가가기 위해 태생부터가 위대한 분이어서 어떤 상황 속에서도 위엄을 잃지 않았다는 신화가 필요했을 것이다.

출가사문 싯닷타는 처음으로 만난 스승 박가와를 떠나 다시 길을 나섰다. 진리를 구하는 수행자는 진정한 목적을 달성하기 전까지는 안주하지 않는다. 길에서 태어나서 길에서 교화를 펼치다가 길에서 반열반한 붓다의 생애가 주는 교훈이다.

12

조력자와 방해자
사이의 거리

영웅과 조력자

2019년 9월 올림픽공원 우리금융아트홀에서 청년 싯닷타의 모험과 고뇌를 그린 뮤지컬 「싯다르타」가 공연되었다. 그 뮤지컬에서 스토리를 이끌어 가는 인물은 뜻밖에도 마부 찬나였는데, 그도 그럴 것이 청년 싯닷타가 출가를 결심하는 결정적인 계기가 되는 사대문 밖 여행의 동행자가 찬나였고, 출가하기 위해 성을 나설 때 동행자 역시 찬나였기 때문이다. 궁궐에 사는 사람들이 모두 아쉬워하는 싯닷타와의 이별 여행을 함께한 이로서, 또한 싯닷타와 가장 가까운 사이였던 사람으로서 찬나는 싯닷타의 출가에 대한 증언자였던 것이다.

찬나 외에 또 한 명의 인물이 싯닷타의 출가 여행에 등장하는데, 그가 바로 마가다국의 빔비사라왕이다. 빔비사라왕은 붓다에게 최초의 정사를 보시하는 등 붓다와 승가의 최고 조력자였다.

신화 속 영웅들은 모험의 길에서 조력자 또는 조언자를 만나게 된다. 붓다의 생애가 영웅의 일대기와 일치하는 것은 아니지만, 붓다야말로 인류 역사상 최고의 영웅이라는 면에서 붓다의 생애도 영웅의 일대기와 겹치는 부분이 많다. 영웅들은 집단이 요구하거나 스스로 세운 위대한 과업을 완수하기 위해 힘을 축적해 가는 과정에서 조력자 또는 조언자를 만나게 되는데, 그 조력자(조언자)는 결정적인 순간에 영웅을 진정한 영웅으로 만들어 주고 위기가 닥칠 때 중요한 역할을 해 준다. 아킬레우스에게는 반인반마의 케이론이 있었고, 오디세우스에게는 친구이자 아들의 스승인 멘토르가 있었으며, 『라마야나』의 라마에게는 원숭이 하누만이 있었고, 『마하바라타』의 아르주나에게는 비슈누 신의 화신인 크리슈나가 있었다.

붓다의 신화 속 빔비사라왕은 하누만이나 크리슈나와 비교하기에는 너무 약한 조력자이다. 붓다는 조력자가 없으면 크게 힘을 쓰지 못하는 다른 영웅들에 비해 조력자가 없어도 이미 위대한 영웅이었을 뿐만 아니라, 붓다에게는 그런 조력자들에 비해 너무나도 강력한 조력자군인 천신들이 있었기 때문이다. 그럼에도 불구하고 빔비사라왕은 싯닷타가 출가의 길을 떠난 후 얼마 되지 않아서 만난 출가자 아닌 재가자인 데다 천신이 아닌 인간 조력자라는 점에서 역사적인 의미가 있다.

빔비사라왕을 만나다

싯닷타의 출가 후 행적을 다룬 모든 문헌에서 싯닷타가 출가 후 깨달음을 얻기 전에 빔비사라왕을 만난 것으로 되어 있는 것으로 보아 그 시기 출가사문 싯닷타가 빔비사라왕을 만난 것은 분명하다. 다만 그 시기가 다른데, 대체로 빠알리어 문헌에서는 출가하여 라자가하로 간 직후에 만난 것으로 되어 있고, 『붓다짜리따』는 웨살리에서 고행자 박가와를 만난 후 라자가하로 건너가서 만나게 되었다고 얘기하며, 『불본행집경』은 박가와를 거쳐 알라라 깔라마와 웃다까 라마뿟따를 만난 이후에야 빔비사라왕을 만난 것으로 얘기한다.

라자가하에 들어온 싯닷타는 빤다와(Pāṇḍava)산에 거처를 정하고 탁발을 하기 위해 라자가하 시내로 나섰다. 라자가하 사람들에게 단정하고도 특이한 싯닷타의 모습은 참으로 거룩해 보였다. 사람들은 말했다.

"저분은 필시 세 눈을 가진 대자재천의 화신일 것이다."♦

싯닷타를 만나는 사람들마다 입에 침이 마르도록 칭찬하면서 '저 수행자는 사람이 아니라 천신일 것이다.'라고 추측하였다. 지금부터는 빔비사라왕과의 만남을 비교적 사실적으로 그린 듯한 『숫따니빠따』의 내용을 중심으로 그들의 만남을 재현해 본다. 당시 마가다국의 젊은 국왕 빔비사라는 궁전 옥상에서 사람들에게 둘러싸여 있는 싯닷타를 보았다. 빔비사라왕는 신하들에게 말했다.

"저 사문을 보아라. 멋지고 장엄하고 수려한 모습으로 사람들에게 둘러싸여서도 당당하게 앞만 보고 가고 있구나. 저 사람은 필시 비천한 가문 출신이 아닐 것이다. 여봐라, 저 사람의 뒤를 따라가 보아라. 어디로 가는지 잘 살펴보아라."

왕의 명을 받은 신하들은 싯닷타의 뒤를 따라갔다. 싯닷타는 흐트러지지 않은 자세로 탁발을 마치고 시가지를 벗어나서 빤다와산으로 올라갔다. 싯닷타가 빤다와산의 거처에 자리를 잡는 것을 보고 왕의 신하들은 궁궐로 돌아와 왕에게 보고했다.

"전하, 그 사문은 빤다와산의 동쪽에 있는 한 동굴 속에서 호랑이처럼, 황소처럼, 그리고 사자처럼 앉아 있습니다."

이 말을 들은 빔비사라왕은 장엄한 수레를 타고 빤다와산

♦ 『불본행집경』 권23(T3, 758b29-c1): "此是三目大自在天, 來至於此." 초기 경전에는 시바 신[대자재천]이 잘 등장하지 않는다는 점에서 시바를 거론하는 문헌은 확실히 후대의 것이다.

붓다의 신화

으로 갔다. 왕은 수레로 올라갈 수 있는 데까지 오른 다음 수레에서 내려 걸어서 그에게 갔다. 그러고는 파격적인 제안을 한다.

"사문이여, 그대는 아직 젊음으로 충만해 있습니다. 이제 막 인생의 문에 들어선 젊은이여, 당신의 용모로 보아 그대는 필시 고귀한 왕족 출신임이 틀림없구려. 내가 그대에게 마가다국 군대의 총사령관직을 주겠소. 또한 많은 재물을 주겠소."

자세히 알아보지도 않고 이런 제안을 하는 것은 얼른 납득되지 않는다. 그래선지 『불본행집경』은 빔비사라왕이 신하들을 통해 싯닷타가 누구인지 알고 있는 것으로 나온다. 빔비사라왕이 대신들에게 저 사문이 도대체 누구인지 묻자 "비사문 호세천왕입니다.", "일천자입니다.", "월천자입니다.", "대자재천왕입니다.", "범천왕입니다." 등 여러 대답이 쏟아져 나오다가 마침내 정답이 나온다.

"대왕이여, 굽어살피소서. 여기서 멀지 않은 십 유순 안팎 바로 북쪽 설산 밑에 한 종성이 있으니 석가족[삭까족]이라 합니다. 석가족의 나라를 가비라성이라 부릅니다. 그 나라의 정반(淨飯)왕이 아들을 낳았으니, 이름을 '실달다[싯닷타]'라 하옵고 석가족에서 났으므로 성은 '구담[고따마]'이라 하옵니다. 왕자가 태어나자마자 예언가에게 미래를 점쳤더니, 예언가가 그 왕자는 출가하면 반드시 붓다가 될 것이요, 출가하지 않으면 전륜성왕이 되어 사천하의 왕이 될 것이라고 했답니다. 그런데 지금은 그가 출가하여 사문이 되었다 하옵니다."

빔비사라왕은 행차하여 싯닷타와 만나 출가 전 신분을 확인한 후 말한다.

"어지신 비구여, 내 이제 당신을 보니 참으로 기쁩니다. 당신은 지금 한창 젊은 나이로 단정하기 비길 데 없고 신체가 미묘하여 환락하고 즐기기 좋은 때입니다. 지금 무엇 때문에 이런 뜻을 내어 사문의 행을 지으며 왕실을 떠나 공산에 홀로 앉았습니까? 또 당신의 상호에는 붉은 전단향을 바르는 것이 합당하고 가사를 입을 것이 아니며 당신의 두 손은 세간을 다스리고 가르칠 것이며 백 가지 맛이 앞에 차 있어 때를 따라 마시고 먹을 수 있을 텐데 어찌 발우를 들고 남에게 밥을 비십니까?"

이어서 빔비사라왕은 더욱 파격적인 제안을 한다.

"만약 당신이 나를 돕는다면 나는 당신에게 나라의 절반을 나누어 다스리게 하겠사오니 내 경계에 있으면서 나의 왕위를 받으소서. 세월이 지나 당신의 아버지가 늙고 쇠하거든 본국의 왕위를 받으소서. 그러기 전 당신이 나를 사랑하고 나를 어여삐 여기거든 나의 왕위를 받아 우리나라에 머무소서. 우리나라가 좁다고 여기신다면 나와 신하들은 다른 나라를 개척하여 넓히고 당신과 함께 다스리겠나이다."

싯닷타는 왕에게 자신은 결코 권력과 부귀영화를 탐하지 않겠다는 뜻을 분명히 전하면서 마지막에 이렇게 말했다.

"저 사천하에 일체가 풍족하여 모자람이 없는 것도 버리고 전에 가졌던 칠보도 버리고 출가한 내가 어찌 다시 왕위를 부러워하겠습니까. 마치 사가왕용의 과보와 같이 큰 바닷물을 얻어 궁전을 삼았거늘 어찌 또 소 발자국에 고인 물을 탐내겠습니까."

빔비사라왕이 물었다.

"사문이시여, 그렇다면 당신은 무엇을 구하고자 하십니까?"

싯닷타가 대답했다.

"대왕이시여, 내가 지금 구하는 것은 오직 위없이 높고 바른 진리를 깨닫는 것입니다. 진리를 얻고 나면 마땅히 위없는 법의 바퀴를 굴리고자 합니다."

그러자 빔비사라왕은 사문 싯닷타에게 다짐했다.

"사문이시여, 내 소견에는 당신이 용맹한 마음으로 정진하여 결정코 위없이 높고 바른 진리를 깨달을 것이라 믿습니다. 분명히 위없는 법의 바퀴를 굴리실 것입니다. 나는 오늘부터 당신을 섬겨 받들겠나이다. 내 이제 청하노니, 매일 나의 궁에 오셔서 나를 보소서. 당신이 필요한 것을 내가 공양하여 모자람이 없게 하겠나이다."

"대왕이시여, 나는 오래지 않아 이곳을 떠나 다른 곳으로 옮기게 될 것이오."

"사문이시여, 섭섭하지만 당신을 놓아드릴 수밖에 없군요. 원하옵건대 당신이 위없는 깨달음을 이루면 내가 당신의 제자가 되는 것을 허락하소서.”

“대왕이시여, 대왕께서 서원하신 대로 이루어지이다.”

빔비사라왕은 참회하였다.

“나의 무지로 대성인을 어지럽혔나이다. 너그러이 헤아려 이 죄를 멸해 주소서.”

“대왕의 진정한 참회를 받겠습니다. 부디 왕이시여, 안락하고 병 없고 번뇌 없고 몸을 삼가고 방일하지 말며 항상 선법을 행하고 법 아님을 버리소서. 만약 이렇게 하면 왕은 편안함을 얻고 길하고 이익됨을 얻으실 것입니다.”

조력자와 방해자 사이

이렇게 맺은 인연이 싯닷타가 붓다가 된 이후에는 더욱 돈독하게 이어지고, 빔비사라왕은 최초의 정사인 죽림정사를 보시하는 등 붓다의 최고 조력자가 된다. 이런 최고 조력자를 뮤지컬 「싯다르타」는 왜 최고의 방해자인 마라와 같은 궤에 놓았을까? 빔비사라왕이 사문 싯닷타를 만나 세속적인 욕망의 세계로 돌아올 것을 촉구했던 것을 생각하면 쉽게 이해가 간다. 왕위를 포기하고 출가한 몸이건만 빔비사라왕은 큰 나라의 왕이 되어 ‘인간의 도리’를 다하라고 강하게 웅변하고 유혹했기 때문이다.

뮤지컬 「싯다르타」는 왕자 시절의 조력자 찬나와 출가 후 만난 조력자 빔비사라를 지독한 방해자 마라 빠삐만(Pāpimant)과 같은 궤에 두었다. 찬나가 "왕자님은 진리를 찾아서 길을 떠나시지만, 남아 있는 저희들은 어찌합니까?"라고 인정(人情)에 호소하면서 싯닷타의 길을 방해하였고, 빔비사라왕은 전륜성왕이 되어 부귀영화를 누리라는 욕망을 부추기며 붓다의 길을 가는 싯닷타를 방해하였다. 찬나는 조력자가 곧 방해자일 수 있음을 말해 주며, 빔비사라의 사례는 방해자가 한 생각 돌이키면 조력자가 될 수도 있다는 아이로니컬한 진실을 말해 준다.

그러고 보면 조력자와 방해자 사이의 거리는 멀지 않다. 한 생각 돌이키면 어리석음을 벗어던지고 지혜로워질 수 있듯이, 방해자도 한 생각 돌이키면 조력자가 될 수 있음이다. 나를 믿고 따르는 조력자가 때로는 인정에 호소하여 나의 길에 장애가 될 수 있다는 점에서 조력자도 한편으로는 방해자일 수 있다. 만약 조력자가 곧 방해자이기도 하다는 것을 알고 잘 조율하거나, 방해자로 하여금 한 생각 돌이켜 조력자가 되도록 할 수 있다면 그는 영웅의 자질을 갖고 있는 것이다.

13

수행자는
작은 성취에
만족하지 않는다

싯닷타가 육사외도(六師外道)를 찾아가지 않은 이유는?

선정 수행을 해 본 사람은 선정에 들어가는 것이 얼마나 어려운
지 안다.

그는 마음의 오염원이고 통찰지를 무력하게 만드는 이들 다섯
가지 장애를 제거하여 감각적 욕망들을 완전히 떨쳐 버리고 해
로운 법[不善法]들을 떨쳐 버린 뒤, 일으킨 생각[尋]과 지속적인
고찰[伺]이 있고, 놓아 버림으로부터 비롯된, 희열[喜]과 행복[樂]
이 있는 초선(初禪)을 구족하여 머문다.

 – 『앙굿따라 니까야(Aṅguttara Nikāya)』 「자기학대 경(Attantapa-sutta)」,
 『맛지마 니까야』 「깐다라까 경(Kandaraka-sutta)」

색계(色界)의 네 단계의 선정 중 '초선'에 대한 경전 말씀이다. 색계는 욕망의 세계를 떠났으나 물질적인 세계를 떠나 완전하게 정신적인 세계까지는 도달하지 못한 단계이다. 이 색계 초선이 본삼매(本三昧)의 시작이라 할 수 있는데, 이 선정의 출발 단계에 도달하는 것이 쉽지 않다. 오늘날 많은 수행자들이 몇 년을 수행해도 본삼매는커녕 근접삼매(近接三昧)조차 경험하지 못한 경우도 있다.

이렇게 시작된 선정의 단계는 색계 2선·3선·4선을 거쳐, 물질적인 세계를 벗어난 무색계(無色界)의 공무변처(空無邊處), 식무변처(識無邊處), 무소유처(無所有處), 비상비비상처(非想非非想處), 그리고 상수멸진정(想受滅盡定)까지 도달하게 된다. 색계 4선의 단계를 지나 무색계 선정의 세계에 들어가기도 힘들진대, 무색계 선정의 최고 단계인 무소유처나 비상비비상처는 말할 필요도 없다. 그런데 출가한 지 얼마 되지 않은 청년 싯닷타가 선정 수행을 시작하자마자 무소유처, 비상비비상처 등 최고의 경지에 단숨에 도달했다는 것은 가히 신화적이라는 것이 범부의 생각이다.

붓다가 성도 전에 만난 스승 중에서 가장 중요한 인물은 알라라 깔라마와 웃다까 라마뿟따였다. 두 사람이 중요한 이유는 부처님께서 훗날 강조하는 계·정·혜 삼학(三學) 중에서 정학(定學)에 관한 상당 부분이 이 두 스승에게 영향받은 것이기 때문이다.

싯닷타가 출가했을 무렵에는 나름대로 깨달음을 얻은 수행자들이 큰 교단을 형성하고 있는 경우가 많았다. 이른바 육사외도(六師外道)라고 불리는 여섯 개의 수행자 집단이 그것이었다. 그런데 싯닷타는 그 육사외도를 외면하고 알라라 깔라마와 웃다까 라마뿟따를 찾아간다. 육사외도를 찾아가지 않은 이유도 사뭇 신화적이다. 밍군 사야도의 『대불전경』은 붓다의 전생인 보살이 91겁 전부터 외도의 실천 체계에 어떤 의미가 있는지 조사해 왔고, 그 결과 그들의 실천법이 매우 공허하다는 사실을 철저히 알게 되었기 때문이라고 말한다. 그래서 육사외도에게는 가지 않았다는 것이다.

알라라 깔라마와의 만남

대부분의 빠알리 경전에서는 알라라 깔라마와 웃다까 라마뿟따의 거처를 라자가하로 보고 있는 반면에 『불본행집경』은 알라라 깔라마의 거처를 웨살리로 설정하고 있으며, 대한불교조계종에서 펴낸 『부처님의 생애』(조계종출판사, 2023)에서도 알라라 깔라마의 거처를 웨살리로 보고 있다.

알라라 깔라마는 무소유처정을 증득했고, 웃다까 라마뿟따는 비상비비상처정을 수행하고 있었다. 두 사람은 4선 4처 중에서 최고의 경지에 올라 있었다고 하겠다. 싯닷타는 알라라 깔라마를 찾아가 요청했다.

"존자여, 나도 당신의 실천 체계 속에서 수행하고 싶습니다."

알라라가 말했다.

"벗이여, 어서 오십시오. 슬기로운 수행자는 우리의 체계 속에서 오래지 않아 큰 성취를 이룰 것이요, 행복하게 살 수 있을 것입니다."

싯닷타는 알라라의 수행 체계 속에서 공부하기 시작했다. 알라라가 도달한 경지는 무색계 3선정인 무소유처정이었다. 감각적 지각의 대상인 색(色)은 공간으로 환원되었고[空無邊處], 공간이라는 대상은 의식으로 환원되었기 때문에 의식은 대상을 상실한다[識無邊處]. 따라서 대상이 없는 의식이 있을 수 없으므로, '존재하는 것은 아무것도 없다.'라는 사유로써 성취되는 선정이 무소유처정이다. 역시 신화에 따르면, 싯닷타는 이미 수없이 많은 생 동안 선정을 닦아 왔기 때문에 알라라 깔라마의 수행법을 듣고 실천하자 쉽게 무소유처정에 도달하게 되었다.

싯닷타는 알라라 깔라마를 찾아가 자신의 성취를 알렸다. 알라라 깔라마는 싯닷타의 성취를 확인하고는 몹시 기뻐하면서 말했다.

"참으로 훌륭하십니다. 당신은 스승이 될 자격이 있습니다. 우리 교단을 반으로 나누어서 나와 함께 제자들을 지도하지 않으시겠습니까?"

파격적인 제안이었다. 수행 센터를 설립한 원장이 자신의 제자 중에서 자신이 성취한 바를 그대로 성취했다고 해서 센터를 공동으로 운영하자거나, 또는 반을 주겠다는 제안을 하기는 쉽지 않다. 그만큼 알라라 깔라마가 인격적으로 성숙한 분이었음을 말해 준다. 알라라 깔라마는 싯닷타를 극진히 우대하며, 후원자들이 가져오는 공양물도 싯닷타에게 먼저 주었다. 그러나 싯닷타는 무소유처로는 무색계 천상에 태어날 수는 있지만, 그것이 자신이 출가한 목적인 늙음과 병듦과 죽음을 해결하는 길이 아니고, 따라서 윤회의 고통에서 벗어나는 길도 아님을 깨닫고는 곧 길을 떠났다.

웃다까 라마뿟따와의 만남

이번에는 웃다까 라마뿟따라는 스승을 찾아갔다. 웃다까 라마뿟따는 무색계 4선정인 비상비비상처를 수행하고 있었다. 그의 아버지이자 스승인 라마가 비상비비상처를 증득했지만, 아버지 라마는 이미 세상을 떠났기에 웃다까가 교단을 운영하고 있었다. 싯닷타는 웃다까에게 청했다.

"존자시여, 나는 당신의 실천 체계 속에서 공부하고 싶습니다."

웃다까는 쾌히 승낙했고, 싯닷타는 웃다까 라마뿟따의 이론과 실천 체계를 배우기 시작했다. 보살은 출중한 지성을 갖추고 있었기에 쉽사리 웃다까의 이론과 실천에 대해 파악할 수 있었다.

싯닷타는 얼마 지나지 않아 웃다까의 아버지가 도달했던 비상비비상처정에 도달하게 되었다. 이 사실을 확인한 웃다까는 싯닷타에게 이렇게 말했다.

"오, 위대한 분이시여. 나의 아버지이자 스승인 라마가 증득한 경지를 당신도 증득했습니다. 이제 당신은 나의 아버지이자 스승인 라마와 같습니다. 당신께서 이 교단을 맡아서 저희들을 지도해 주십시오."

웃다까 라마뿟따가 알라라 깔라마보다 더 파격적인 제안을 한 것은 싯닷타가 웃다까 라마뿟따의 경지를 넘어섰기 때문이다. 그래도 이런 제안을 하기는 쉽지 않다. 웃다까 역시 대단한 인격의 소유자였다. 그러나 싯닷타는 비상비비상처 또한 좀 더 높은 단계의 무색계 천상에 태어나게 할 수는 있지만, 자신이 출가한 목적인 늙음과 병듦과 죽음을 궁극적으로 해결하는 길이 아니고, 윤회의 고통에서 벗어나는 길도 아님을 깨닫고는 곧 길을 떠났다.

수행자는 작은 성취에 만족하지 않는다

만인의 스승 붓다에게는 스승이 없다. 다만 출가하기 전이나 출가하여 성도하기 전의 수행 과정에서만 스승을 만나게 된다. 그 스승이 바로 알라라 깔라마와 웃다까 라마뿟따이다. 그들이 대단히 훌륭한 자질의 소유자였기에 성도 후 붓다는 두 스승을 당신의 가르침을 베풀 첫 번째 제자로 떠올린다. 안타깝게도 두 분은 이미 세상을 떠난 뒤였고, 더욱이 무색계 천상에 태어나 오랜 수명을 누릴 것이기에 붓다를 만나는 것도 요원했다.

싯닷타가 두 스승을 만나 선정을 닦아 금방 성취한 이야기는 비교적 신화적이지 않다. 전생에 이미 온갖 바라밀을 닦아 왔기 때문에 싯닷타가 그토록 쉽게 선정을 성취하는 것이 이상하지는 않다. 그러나 선정 수행을 경험한 범부의 입장에서 볼 때 싯닷타의 빠른 선정 성취는 신기하기만 하다.

그토록 위대한 능력의 소유자 싯닷타는 왜 쉬운 길을 버리고 어려운 길로 갔을까? 어차피 당신의 원력에 따라 어디에 있든 깨달음을 얻을 게 분명한데도 최고의 수행 환경을 버리고 싯닷타는 다시 길을 떠났다. 알라라 깔라마나 웃다까 라마뿟따의 제안을 수락하여 그들의 교단에서 열심히 수행해도 되지 않았을까? 영웅과 범인의 차이가 여기서 갈린다. 범인은 좋은 조건을 만나면 그 조건이 자신의 궁극적인 목표가 아니더라도 눌러 앉지만, 영웅은 자신이 본래 추구했던 목표를 향해 다시 돌진한다. 영웅이 우리의 목표는 아니지만, 붓다와 같은 삶이 우리 수행자의 목표이기에 우리 또한 작은 성취에 만족하지 않으며, 좋은 조건에 만족하지 않는다.

14

적절한 고행은
감수하자

고행(苦行)이란 무엇인가

우리나라 선방에 거의 공통적으로 걸려 있는 그림은 붓다의 고
행상(苦行像)이다. 붓다는 쾌락도 버리고 고행도 버린 중도(中道)
의 길을 가라고 말씀했건만, 왜 우리나라 선방에선 고행상을 모
셔 놓은 것일까?

　　몸을 일부러 지속적으로 고통스럽게 만드는 수행을 고행이
라 한다. 인도의 전통 사상 속에서 고행[tapas]은 신을 만날 수 있
는 훌륭한 방법이다. 인도의 서사시 『라마야나』에서 악마 라바
나는 1만 년의 극심한 고행을 통해 창조의 신 브라흐마의 은총
을 받아 죽지 않는 힘을 부여받는다. 히란야크샤라는 악마도 고

행을 통해 그가 열거하는 어떤 유정(有情)에게도 죽임을 당하지 않는 은총을 입는다. 발리 또한 엄격한 고행을 함으로써 신으로부터 전 세계를 지배할 수 있는 힘을 부여받는다. 이들은 모두 유지의 신 비슈누의 화신들에게 죽임을 당하게 되지만, 서사시 『마하바라타』의 영웅 아르주나는 극심한 고행을 통해 시바 신에게 어마어마한 파괴력의 무기를 받고 그 무기로 맹활약을 펼친다.

이 이야기들은 고행이 인도 신화 속에서 얼마나 유용한 것인지를 말해 주지만, 엄밀히 말해 고행은 고행자 스스로 자신의 힘을 기르는 수단이 아니다. 극심한 고행을 하다 보면 신이 이를 보고 응답하게 되고, 결국 신의 은총으로 고행의 대가를 얻게 되는 것이다. 다시 말해 고행은 자력(自力) 수행이 아니라 타력(他力) 수행이다.

자력으로 붓다가 되기 위해 수행하고 있는 싯닷타에게 고행은 어울리지 않았다. 고행림에서 고행자 박가와를 만났지만 바로 고행림을 떠날 수밖에 없지 않았는가. 그런데 선정 수행을 통해 늙음과 병듦과 죽음의 문제를 해결하지 못한 싯닷타는 막막했다. 세간에 소문이 자자한 수행자들의 면모를 샅샅이 살펴보아도 알라라 깔라마와 웃다까 라마뿟따 이상의 수행자는 없었다.

싯닷타는 라자가하를 떠나 걷고 또 걸었다. 걷고 또 걷다 보니 가야(Gayā) 땅 우루웰라(Uruvelā) 지역에 다다랐다. 그때 싯닷타는

「부처님 고행상(Fasting Buddha)」
극심한 고행으로 뼈만 남은 앙상한 모습을 사실적으로 묘사하고 있다,
간다라, 2~3세기경, 파키스탄 라호르박물관. ©Wikimedia

붓다의 신화

물속에 있는 나무들을 보면서 다음과 같은 비유가 떠올랐다.

첫째, 물속에 있는 화목에는 불을 지필 수 없다. 마찬가지로 세속에 발을 담근 채로 수행에 성공하기 힘들다. 둘째, 물속에 있던 화목을 꺼내었다 해도 마르지 않은 상태라면 불을 지필 수 없다. 마찬가지로 수행자가 세속을 떠났다 해도 애욕을 버리지 못한다면 수행에 성공할 수 없다. 셋째, 물에 빠졌던 화목이라 해도 마른 땅으로 끄집어내어 잘 말린다면 불을 지필 수 있다. 마찬가지로 애욕을 완전하게 버린 수행자는 수행에 성공할 수 있다.

– 『맛지마 니까야』 「삿짜까에게 설하신 큰 경」

이와 같은 생각을 하며 싯닷타는 마가다국의 여러 마을을 지나 우루웰라의 세나니(Senānī) 마을의 숲속으로 들어섰다.

초인적인 고행에 돌입하다

세나니 마을의 숲속에서 싯닷타는 역대급 고행에 들어간다.♦ 싯

♦ 이하 『맛지마 니까야』의 36번째 경인 「삿짜까에게 설하신 큰 경」의 내용을 중심으로 싯닷타의 고행을 그린다.

닷타는 이 숲속에서 반드시 수행을 완성하리라 생각하면서, 습기를 완전하게 말린 나무처럼 애욕을 완전하게 없애기 위해 고행에 들어갈 것을 결심했다. 그 결심은 살갗만 남을 때까지 고행하겠다, 오직 힘줄만 남을 때까지 고행하겠다, 뼈만 남을 때까지 고행하겠다, 살과 피가 마를 때까지 고행하겠다 등 네 가지로 요약할 수 있다.

싯닷타는 아랫니에 윗니를 얹고 혀를 입천장에 대고 마음으로 마음을 제압하고는 숨을 쉬지 않는 고행을 시도했다. 고행 속에서 한시도 마음챙김을 놓치지 않았지만, 몸이 극도로 긴장되어 마음도 안정되지 않았다. 이제 싯닷타는 음식을 끊고 수행하겠다고 다짐한다. 이때 신들이 다가와 싯닷타에게 말한다.

"존경하는 분이시여, 당신이 음식을 끊고 수행하시면 우리는 당신께 하늘 음식을 당신의 털구멍을 통해 공급해 드리겠습니다."

그러자 싯닷타는 신들에게 단호하게 부탁했다.

"나 스스로 충분히 음식을 섭취할 테니, 하늘 음식을 제공하지 마십시오."

그리하여 싯닷타의 초인적인 절식(節食) 수행이 시작된다. 하루 한 줌의 수프에서 단 한 알의 좁쌀까지 음식을 줄여 나갔다. 싯닷타는 극도로 몸이 말랐고 극도로 쇠약해졌다. 창자가 등뼈에 달라붙었고, 똥이나 오줌을 누려 하면 머리가 앞으로 고꾸

붓다의 신화

라졌다. 손으로 몸을 만지면 털이 몸에서 힘없이 떨어져 나갔다. 붓다는 훗날 당신의 고행에 대해 이렇게 말씀했다.

"과거, 미래, 현재의 어떤 사문이나 바라문도 이렇게 혹독한 고행은 하지 못했고, 하지 못할 것이고, 하지 못하고 있다."

하지만 붓다는 그런 극심한 고행으로도 "인간의 법을 초월하고 성자들에게 적합한 특별한 지혜와 견해를 얻지 못했다."라고 말씀했다.

이렇게 극심한 수행을 하고 있을 때 붓다의 출가와 전법 이야기에 빠지지 않고 등장하는 중요한 인물들이 나타난다. 싯닷타 왕자가 탄생한 직후, 또는 왕자가 출가했다는 소식을 듣고 출가 수행의 길을 걷기 시작한 다섯 사문이 그들이다. 그들은 꼰단냐(Koṇḍañña), 앗사지(Assaji), 마하나마(Mahānāma), 밧디야(Bhaddiya), 왑빠(Vappa) 등이었다. 그들은 왕자를 찾아 헤매다 우루웰라의 숲에서 드디어 출가사문이 된 왕자를 만나게 된다. 오랜 세월 막막한 수행의 바다에서 오직 붓다만을 만나기를 고대하며, 출가한 왕자 싯닷타를 찾아 헤맨 그들은 지금 이 순간이 얼마나 반가웠겠는가? 더욱이 자신들은 도저히 흉내 낼 수 없는 고행을 감행하는 싯닷타에게 한없는 존경심이 우러나왔다. 그들은 싯닷타가 곧 '붓다'가 될 것이라는 희망으로 왕자를 극진히 시봉했다.

그러나 고행은 끝내 싯닷타에게 출가의 목적을 달성하는

훌륭한 수단이 되지 못했다. 어쩌면 싯닷타는 고행으로는 안 된다는 것을 이미 알고 있었다. 당신의 원력에 따라 태어날 곳을 결정할 때, 그는 이미 여러 수행처도 알아보았던 것이다. 그러기에 그는 웨살리에서 박가와를 만나 고행을 경험할 수 있었음에도 바로 떠났고, 외도들의 수행처도 아예 찾지 않았다.

고행은 싯닷타의 건강에 치명적인 타격을 입혔다. 싯닷타는 숨 쉬지 않는 고행을 할 때 한때 실신하여 쓰러졌다. 이를 보고 어떤 천신들은 "사문 고따마가 죽었다."라고 말했고, 어떤 천신들은 "사문 고따마가 아직 죽지 않았지만 죽어가고 있다."라고 말했고, 또 어떤 천신들은 "사문 고따마는 죽은 것이 아니라 아라한이 되었다."라고 말했다. 『대불전경』에는 싯닷타가 죽었다고 생각한 천신이 숫도다나왕에게 "당신 아들이 죽었소."라고 말해 주었다고 전한다. 이에 숫도다나왕이 "내 아들은 일체지(一切智)를 얻기 전에는 절대 죽을 리 없소."라고 말했다 한다.

싯닷타의 고행은 무슨 의미가 있을까

싯닷타는 고행을 통해 원하는 성과를 거두지 못하고 고행을 버리기로 결심한다. 그렇다면 싯닷타의 고행은 아무 의미가 없는 것일까? 그렇지 않다. 신화로 치장되었건 사실 그대로이건 붓다의 생애는 우리에게 반드시 시사하는 바가 있다.

첫째, 인도인들이 가장 좋아하는 수행법인 '고행'이 유용하지 않음을 증명해 준다. 붓다는 그 어떤 고행자라도 당신만큼 철저하게 고행한 이는 없다고 말씀한다. 그럼에도 특별한 성과를 거두지 못했다면, 고행은 유용한 수행법이 되지 못한다. 싯닷타가 굳이 고행을 감행한 것은 그 당시 수행자들에게 고행이 큰 인기가 있었기 때문에, 스스로 그것이 유용하지 않음을 보여 주어야 했다는 것이다.

둘째, 고행은 진정한 깨달음으로 가는 징검다리 역할을 했다. 고행을 한 연후에야 싯닷타는 어린 시절 농경제 때 선정에 들었던 경험을 떠올리고, 그 경험을 토대로 다시 수행에 열중함으로써 마침내 궁극적인 평화를 증득한다. 만약 고행을 경험하지 않았다면, 고행도 쾌락도 아닌 중도의 길이 깨달음의 길이라는 것을 증명하기 힘들었을 수도 있다. 고행이 결론은 될 수 없지만, 훌륭한 과정이 되고 있음에는 분명하다.

셋째, 수행자는 적당한 고행을 감수해야 함을 말해 준다. 우리가 살아가는 동안 고행을 감행해야 할 경우가 많다. 붓다의 고행에 비하면 고행이라 할 수도 없는 수준의 것이지만, 근기가 약한 이에게는 나름대로 대단한 고행일 수 있다. 예를 들면, 어떤 이에게는 삼천배가 엄청난 고행이고, 어떤 이에게는 천팔십배도 고행이며, 또 어떤 이에게는 백팔배도 고행일 수 있는 것이다. 그런데 그때마다 붓다가 고행을 올바른 수행법이라 하지 않았다고 회피한다면 참으로 우스운 일일 것이다. 때로 우리는 제법 어려운 고행도 과감하게 단행해야 한다. 다행히 붓다와 같은 훌륭한 선배가 있으니, 우리는 몸을 축내는 고행까지 할 필요는 없다. 그러나 어느 정도의 고행에는 용감하게 맞서는 용기가 필요하다.

과거 붓다들의 일대기를 그린 「대전기경」을 보면 위빳시(Vipassī) 붓다의 경우 특별한 고행의 과정이 보이지 않는다. 다른 붓다들도 깨닫기 전에 엄청난 고행을 했다는 얘기는 없다. 유독 석가모니 붓다만 6년이라는 긴 세월 누구도 경험하지 못한 고행을 감행했다. 『맛지마 니까야』의 복주석서에는 석가모니 붓다의 전생인 바라문 조띠빨라가 깟사빠(Kassapa) 붓다를 보고 "저 빡빡머리 사문이 어떻게 일체지를 얻겠는가?"라고 조롱한 과보로 깨달음을 얻기 직전 싯닷타가 그토록 엄청난 고행을 하게 되었다고도 한다. 이 일화 또한 인연 이야기를 만들어 내길 좋아하는 인도인의 상상력이 빚어낸 것이 아닐까?

우리나라 선방에서 붓다의 고행상을 모범으로 삼아 수행하는 것은 보통 사람에게는 선방에서 편안하게 수행하는 것조차 고행에 가깝기 때문이 아닐까? 적어도 내게는 그렇다. 붓다에게는 지극히 평이한 것도 내게는 고행이다. 그래서 나는 오늘도 다짐한다. 적절한 고행은 감수하자!

15

깨달음을 위한 목욕,
성스러운 한 끼

고행을 포기하고 목욕재계하다

죽음 직전까지 가는 고행 끝에 싯닷타는 생각했다.

'아니야, 아니야! 고행은 아니야! 이 세상 누구도 나보다 더 지독한 고행을 한 이는 없을진대, 고행을 통해 아무것도 얻지 못했어. 더 이상 고행에 집착할 수는 없어. 분명 인간의 고통으로부터 진정 자유로워지는 길이 있을 거야.'

싯닷타는 몸을 가누기 힘들 정도로 쇠약해졌지만 정신은 오히려 명료해졌다. 그때 싯닷타의 뇌리를 스치는 것이 있었으니 바로 어린 시절 농경제 때 잠부나무 아래서 선정에 들었던 경험이었다.

'그렇지. 그때의 경험을 바탕으로 다시 시작해 보는 거야. 그러나 그러기 위해서는 기운을 차려야 해.'

싯닷타는 천천히 몸을 일으켰다. 쇠약해질 대로 쇠약해졌기 때문에 마치 자신의 그림자가 일어서는 것 같았다. 그림자임에도 불구하고 자신의 몸은 대단히 무거웠고, 그 무거운 몸에 바윗덩이가 붙어 있는 것 같았다. 지푸라기처럼 야윈 몸을 바위처럼 무겁게 이끌고 일어선 싯닷타는 이제 새로운 길을 걸어가야겠다고 마음먹었다. 그는 시원한 강물 속으로 풍덩 들어갔다. 이를 본 다섯 비구는 수군거렸다.

"아무래도 싯닷타가 고행을 포기한 것 같아. 하늘도 부술 것 같은 기개가 어찌 저리 한순간에 무너진단 말인가. 싯닷타는 우리의 스승이 될 수 없을 것 같네."

"그래도 조금만 더 지켜보세. 무슨 생각이 계신지도 모르니."

반대하는 목소리도 있었지만, 다섯 비구는 결국 그곳을 떠나 버렸다.

싯닷타는 물속에서 조용히 하늘을 보았다. 한없는 평화가 하늘에서 강물로 들어오더니 마음속으로 들어왔다.

'그래, 좀 알 것도 같군. 극단적인 고행도 아니고 극단적인 쾌락도 아닌 곳에 길이 있는 것 같아.'

결과적으로 볼 때 싯닷타의 목욕은 깨달음을 위한 중요한 의식이었다. 어느 문화권에서든 중요한 일을 앞두고, 특히 중요한 종교적인 의식을 앞두고 목욕재계(沐浴齋戒)를 하지 않는가.

싯닷타는 다시 기운을 차려 수행하기 위해서는 뭘 좀 먹어야겠다고 생각했다. 그는 걸식을 나서기 위해 분소의를 주워서 깨끗이 빤 후 몸에 걸쳤다.

수자따가 공양한 성스러운 한 끼

싯닷타가 깨달음을 얻기 직전에 먹은 '성스러운 한 끼'에 대한 묘사는 문헌에 따라 조금씩 다르다. 빠알리어 문헌을 토대로 정리한 밍군 사야도의 『대불전경』을 참고해 본다.

싯닷타는 우루웰라 숲을 벗어나 반얀나무 아래에 자리를 잡고 동쪽을 향해 앉았다. 동쪽 하늘이 점점 붉어지면서 햇살이 반얀나무 꼭대기서부터 천천히 내려와 성자의 몸 위로 쏟아지는 광경을 상상해 보라. 그렇게 아름다움의 극치를 연출하며 싯닷타는 걸식하러 갈 시간을 기다리고 있었다.

그때 아름답고 착하고 복 많은 여인 수자따(Sujātā)가 붓다의 생애 속으로 성큼성큼 들어온다. 수자따는 우루웰라의 세나 마을에 사는 부유한 장자 세나니(Senānī)의 딸이었다. 그녀는 싯닷타가 의지하여 앉아 있는 바로 그 반얀나무를 섬기고 있었다. 그녀는 몇 년 전 반얀나무를 향해 기도를 올렸다.

"반얀나무 신이시여! 제가 훌륭한 가문으로 시집가게 되면 해마다 당신께 귀한 유미죽을 바치겠나이다."

그 기도의 가피인지 그녀는 훌륭한 가문으로 시집가서 행복하게 살고 있었다. 그 보답으로 그녀는 매년 특별한 날을 기해 반얀나무 신에게 유미죽을 공양했다. 싯닷타가 앉아 있던 바로 그날이 수자따가 그해 반얀나무 신에게 유미죽을 바치기로 한 날이었다.

수자따는 특이한 방식으로 오늘의 공양을 준비해 오고 있었다. 그녀는 먼저 젖소 1천 마리로 하여금 감초나무 목장에서 풀을 뜯어 먹게 하였다. 그리고 그 젖소들에게서 짠 우유를 다른 500마리에게 먹였다. 그 500마리에게서 짠 우유를 다시 250마리에게 먹였다. 250마리에게서 짠 우유를 125마리에게 먹였다. 125마리에게서 짠 우유를 다른 64마리에게 먹였다. 64마리에게서 짠 우유를 32마리에게 먹였다. 32마리에게서 짠 우유를 16마리에게 먹였다. 16마리에게서 짠 우유를 다른 8마리에게 먹였다.

그녀는 마지막 여덟 마리의 젖소로부터 우유를 짜서 죽을 끓이기로 했다. 그런데 신기한 일이 발생했다. 우유 받는 그릇을 암소의 젖 밑에 대자 손으로 젖을 쥐어짜지 않았는데도 우유가 시원스럽게 흘러나왔다. 그는 막 생산된 신선한 우유를 솥에 옮겨 부은 후에 쌀을 넣었다. 아궁이에 불이 저절로 지펴지고, 우유가 오른쪽으로 빙빙 돌면서 엄청난 거품을 생산했지만 한 방울도 솥 밖으로 흐르지 않았다. 이런 기적들에는 모두 천신들의 힘이 작용했다. 창조의 신 브라흐마는 양산으로 우유 끓이는 곳에 그늘을 만들어 주었고, 신들의 왕 인드라는 불을 지펴서 적당하게 타오르게 했다. 여러 천신들이 온 우주에서 온갖 영양소를 모은 후 끓는 유미죽 속에 넣었다.

이렇게 놀라운 일을 경험한 수자따는 노비 뿐나(Puṇṇa)를 불렀다.

"뿐나야, 오늘 반얀나무 신이 나의 공양을 몹시도 기다리는가 보다. 유미죽을 끓이는 데 참으로 놀라운 일이 연속해서 일어나는구나. 너는 먼저 가서 반얀나무 주위를 깨끗이 청소해 놓고 오너라."

반얀나무 밑으로 간 뿐나는 깜짝 놀랐다. 반얀나무 아래에 성스럽기 그지없는 성자가 앉아 있었는데, 성자에게서 뿜어져 나오는 황금빛 광채가 그 주위를 환히 밝히고 있었다.

'반얀나무 신께서 나무에서 내려오셨는가 보다.'

그녀는 성자에게 예를 올리고 급히 집으로 돌아와 수자따에게 알렸다. 수자따는 크게 기뻐하여 뿐나를 앞으로 딸로 삼겠다고 말하고는 귀한 황금 그릇에 유미죽을 담아 올리기로 결심했다. 솥을 들어 올리자 유미죽이 한 방울도 남기지 않고 온통 황금 그릇 속으로 들어갔다. 수자따는 유미죽으로 가득 찬 황금

그릇을 황금 뚜껑으로 덮고 흰 보자기로 묶어 머리에 인 후 반
얀나무로 향했다.

수자따는 성자의 아름다운 모습에 큰절을 올린 후 가까이
다가가 황금 그릇을 열기 전에 황금 단지에 담아온 물을 따랐다.
싯닷타는 옆에 놓아둔 발우를 내밀려고 했는데, 발우가 없어서
오른손을 내밀어 물을 받았다. 발우가 없어진 것은 싯닷타가 황
금 발우를 받을 수 있도록 천신들이 미리 조치를 취한 까닭이었
다. 이윽고 수자따는 황금 그릇을 싯닷타에게 바치면서 말했다.

"성자시여, 저는 이 유미죽을 황금 발우와 함께 당신께 공양
하려 합니다."

수자따는 유미죽을 황금 그릇과 함께 싯닷타에게 바치고는
아무 미련 없이 집으로 돌아갔다. 싯닷타는 유미죽을 마흔아홉
등분으로 나누어 깨끗하게 공양했다. 붓다가 성도한 후 49일 동
안 선정에 들었다고 하는데, 그 49일 동안 아무것도 먹지 않았
던가? 이런 의문을 가지고 있었다면 여기에 해답이 있다. 천신
들이 온갖 영양소를 유미죽 속에 넣었기 때문에 붓다는 그 유미
죽 한 그릇으로 49일을 충분히 버틸 수 있었던 것이다.

황금 발우가 물 위를 거슬러 올라가다

싯닷타는 이제 확신이 섰다.

'드디어 내가 붓다를 이룰 때가 되었다.'

그는 황금 발우를 든 채 생각했다.

'오늘 내가 붓다를 이룬다면 이 황금 발우는 물의 흐름을 거슬러 올라갈 것이며, 만약 붓다를 이루지 못할 것이라면 물의 흐름을 따라 아래로 흘러갈 것이다.'

싯닷타는 네란자라(Nerañjarā)강에 황금 발우를 띄웠다. 황금 발우는 강 한가운데로 가더니 그곳에서 물의 흐름을 거슬러 위를 향해 빠르게 올라가기 시작하다가 큰 소용돌이 속으로 빠져 들어갔다. 이윽고 황금 발우는 깔라 용왕의 궁전에 이르렀고, 다른 황금 발우 세 개와 부딪쳐 맑고 투명한 소리를 내더니 그 세 개의 황금 발우 아래에 놓였다. 그 황금 발우들은 과거의 붓다인 까꾸산다(Kakusandha), 꼬나가마나(Koṇāgamana), 깟사빠 붓다가 성불하던 그날 성스러운 끼니를 먹었던 그릇들이었다. 용왕은 황금 발우가 맑은 소리를 내는 것을 들으며 한마디 했다.

"어제 부처님 한 분이 출현하시더니, 오늘 또 다른 부처님이 출현하시는구나."

우리에게는 엄청나게 긴 세월이 용왕에게는 하루밖에 되지 않았던 것이다.

붓다가 깨닫기 직전의 신화를 들으며 생각해 본다. 우리도 수행하기 전 오늘의 수행을 통해 반드시 견성하겠다, 오늘의 수행을 통해 선정에 들겠다는 결심을 했다면 꼭 목욕재계해야겠구나. 기도를 꼭 성취하겠다는 마음으로 기도할 때도 마찬가지일 것이며, 중요한 시험을 앞두고 이 시험에 꼭 합격해야지, 중요한 경기를 앞두고 이 경기에서 꼭 승리해야지 할 때도 마찬가지일 것이다. 그리고 그런 날 아침에는 역시 성스러운 한 끼를 먹자. 이 음식에 얼마나 많은 이의 노고가 담겨 있는지 감사하면서, 수많은 사람들이 세상의 온갖 영양소를 바로 이 성스러운 한 끼를 위해 넣어 주었음에 감사하면서 공양하자. 말 그대로 그것은 공양(供養)이다. 나의 수행을 위해, 기도를 위해, 합격을 위해, 승리를 위해 애쓰는 나의 몸과 마음을 위한 공양이다. 그렇게 목욕재계를 통해 몸과 마음을 청정히 하고 공양을 통해 몸과 마음을 튼튼하게 해 준다면 우리는 견성할 것이며, 선정에 들 것이며, 기도 성취할 것이며, 시험에 합격할 것이며, 경기에서 승리할 것이다.

제 3 부

붓다,

인류 역사상
가장 위대한 영웅

16

보드가야에서 괴력의 마왕을 물리치다

자비는 적(敵)이 없다

북한산 도선사에서 마을을 향해 내려오다 보면 '자비무적(慈悲無敵)', 즉 '자비는 적이 없다.'라고 새겨진 돌기둥을 만나게 된다. 그 말을 처음 볼 때는 공허하게 느껴졌는데, 붓다의 신화 속에서 그 말의 의미를 다시 한번 되새겨 본다.

깨달음을 얻기 직전 싯닷타는 그야말로 엄청난 적과 일대 격전을 치른다. 그 적은 붓다가 탄생하는 순간 입지가 위태로워지는 마라 빠삐만[波旬]이었다. '마라'는 동사 어근 'mṛ(죽다)'에서 파생된 단어로 '죽음' 또는 '사악함'을 뜻하며, '빠삐만'은 범어로 빠삐야스(Pāpīyas)로도 불리는데, 우리에게는 '마왕(魔王)

파순(波旬)'으로 알려져 있다. 마왕 파순은 욕계(欲界)의 여섯 번째 우주인 타화자재천(他化自在天)의 왕이기도 하다.

마라는 인도 신화 속에서는 애욕의 신 까마(Kāma)에 해당한다. 『붓다짜리따』에서는 "욕계천의 신인 까마데와는 꽃 화살로 애욕을 지배하였으니, 해탈의 적인 '마라'라고 불렸어라."[♦]라고 노래한다. 까마는 인도 신화 속에서 시바와 빠르와띠(Pārvatī)를 맺어 준 신이다. 당시 세상은 따라까(Taraka)라는 악마가 준동하였고, 이 악마는 오직 시바의 아들만이 무찌를 수 있었다. 그런데 당시 시바에게는 아들도 없었을뿐더러 혼인도 하지 않았다. 이에 애욕의 신 까마가 시바의 아내가 될 빠르와띠에 대한 사랑을 싹틔우기 위해 시바를 향해 애욕의 꽃 화살을 쏘았던 것이다.

그리스 신화에서 애욕의 신은 에로스요, 로마 신화에서는 큐피드인데, 에로스와 큐피드는 어린아이의 모습이고 까마는 젊은 청년의 모습이다. 애욕의 결실을 상징하는 어린아이가 활로 사랑을 불러일으키는 것도 재미있고, 건장한 청년이 쏜 화살에 맞으면 사랑에 빠진다는 설정도 재미있다. 그리스 로마나 인도 신화의 애욕의 신은 악마가 아니라 천신인 반면, 붓다의 신화 속에서

♦ Buddhacarita 13.2송: "yaṃ kāmadevaṃ pravadanti loke citrāyudhaṃ puṣpaśaraṃ tathaiva/ kāmapracārādhipatiṃ tam eva mokṣadviṣaṃ māram udāharanti."

는 엄청난 괴력을 지닌 악마이다. 불교의 입장에서 애욕의 신은 뭇 생명체들의 욕망을 먹고 사는 이이며, 욕망이 채워지지 않으면 분노가 탄생한다. 욕망은 '모든 것은 무상(無常)하다.'라는 것을 모르는 어리석음으로부터 비롯되기 때문에 '애욕의 신'이란 곧 뭇 생명체의 괴로움의 근원을 만드는 존재라고 할 수 있다.

마왕의 군대를 물리치다

『붓다짜리따』는 마왕의 말을 다음과 같이 옮긴다.

> 이 엄청난 괴력의 성자가 결연한 갑옷을 입고 용맹의 활과 지혜의 화살을 가지고 내 나라를 정복하려 하는구나. 심히 걱정이로다. 그가 지혜의 눈을 뜨기 전, 미리 그의 마음속 애욕을 넘치게 하리라. 넘치는 애욕의 물이 튼튼한 해탈의 둑을 여지없이 무너뜨리리라.
>
> - 『붓다짜리따』 13.4~6송

마왕은 애욕의 활을 손에 잡고 세상을 미혹할 다섯 개의 화살을 들고 싯닷타를 교란하고자 보리수 아래로 갔다. 마왕은 말했다.

"죽음의 공포에 떨고 있는 크샤트리아여! 일어나라! 해탈의 수행을 버리고 세간법을 행하라. 싸움과 제사로써 세간을 제압하고 권력을 얻으라. 그대가 지금 일어나지 않으면 내 기필코 이 애욕의 화살을 쏘리라."

싯닷타가 아무 반응이 없자 마왕은 화살을 날렸다. 싯닷타는 여전히 미동도 하지 않았다.

'이 화살을 맞고 시바 신도 사랑에 빠졌는데, 이 성자는 꿈쩍도 하지 않는구나. 안 되겠다. 애욕의 활과 화살도 소용없으니 군대의 힘으로 해치우겠노라.'

『대불전경』에 따르면, 마왕의 군대는 엄청난 규모였다. 전방 무리의 넓이가 12요자나였고, 우측 무리의 넓이도 12요자나, 좌측 무리의 넓이도 12요자나였으며, 하늘로 솟아오른 높이는 9요자나였다. 마왕의 군대가 외치는 소리가 1천 요자나 밖에까지 들렸다. 마왕은 또 자신의 몸에서 1천 개의 팔을 만들어 낸 뒤 각 손에 각기 다른 무기를 들고 150요자나 크기의 코끼리를 타고는 그들을 뒤따랐다. 곧 탄생할 붓다에게 존경을 표하기 위해 와 있던 천신들도 마왕의 군대를 보고는 슬그머니 꽁무니를 감추었다. 마왕의 군대는 파죽지세로 보리수 근처에 도착했지만, 보리수 그늘 안으로는 들어갈 수 없었다. 마왕의 군대는 보살의 보리수를 빙 둘러쌌다. 마왕은 소리쳤다.

"어서 적의 왕을 붙잡아라!"

열 가지 바라밀로 무장한 싯닷타에게 마왕의 군대는 접근조차 할 수 없었다. 마왕은 먼 거리에서 싯닷타를 위협할 무기

붓다의 신화

를 발사하기로 했다. 첫 번째로 태풍을 쏘았다. 태풍이 온 세상을 뒤집어엎을 듯이 몰아쳤으나 보리수 근처에서는 미풍(微風)이, 아니 무풍(無風)이 되어 버렸다. 두 번째로 비구름을 일으켜 세찬 비를 내리게 했다. 홍수로 인해 온 세상이 물바다가 되었지만, 보리수 근처는 평온하기 그지없었다. 세 번째로는 큰 돌을 비처럼 쏟아지게 했지만, 그 돌들은 꽃다발이나 화환이 되어 허공을 장식했다. 네 번째로는 창과 칼 등 온갖 무기를 비처럼 쏟아지게 했지만, 그것들은 보리수 근처에서 모두 재스민 꽃이 되어 버렸다. 다섯 번째로는 불타는 석탄을 비처럼 쏟아지게 했다. 연기와 불꽃이 하늘에서 내려오다가 이내 다양한 빛깔의 꽃가루가 되었다. 여섯 번째로 마왕은 뜨거운 재를 비처럼 쏟아지게 했지만, 이것들은 백단향 가루로 바뀌었다. 일곱 번째로 뜨거운 모래를 비처럼 쏟아지게 했지만, 이 또한 천상의 꽃가루가 되었다. 여덟 번째로 뜨거운 진흙 줄기를 비처럼 쏟아지게 했지만, 이것들은 천상의 향기로운 풀이 되었다. 아홉 번째는 커다란 어둠의 장막을 보리수 위로 덮어 버리려고 했지만, 어둠의 장막은 보리수 옆에서 휘황찬란한 후광(後光)이 되었다.

더 이상 힘을 쓸 수 없는 마왕 앞에 자식들이 나섰다.

"아버지, 너무 심려치 마십시오. 인간이란 욕망과 분노에 쉽게 물드는 법입니다."

자식들이 모여서 계책을 논의한 결과, 미인계를 쓰기로 하고 마라의 세 딸 땅하(Taṇhā, 애착), 아라띠(Arati, 불만), 라가(Ragā, 탐욕)가 나섰다. 마라의 세 딸은 아름답게 치장하고 보리수 아래로 갔다.

"보세요, 성자여! 온갖 생명체가 서로 짝을 찾아 교미하는 봄이랍니다. 이 봄날 성자께서는 뭘 하고 계셔요. 그렇게 앉아 계시는 것은 자연의 순리에 어긋나는 것이지요. 생산을 해야지요, 생산을! 자, 이 싱싱한 육체를 맛보시고 힘을 내세요."

세 딸은 자신의 풍만한 육체를 드러냈다. 싯닷타는 말했다.

"너희들은 알고 있는가? 육체의 쾌락에는 고뇌가 따른다는 것을. 그런 욕망이라면 나는 이미 오래전에 버렸다는 것을. 욕망으로부터 자유로운 내가 너희들의 거짓 아름다움에 속을 것 같은가?"

마왕의 딸들은 좀 더 과감하게 싯닷타를 유혹하기로 했다. 그들은 싯닷타의 몸을 더듬기 시작했다.

"당신은 참 멋진 남자예요. 당신의 아름다움을 저희가 지켜 드리겠어요. 멋진 나날을 만들어 가요."

여인들은 싯닷타의 귀에 뜨거운 바람을 집어넣었다. 그러나 싯닷타는 추호의 흐트러짐도 없었다.

"너희들은 조금도 아름답지 않단다. 현재의 아름다움은 결코 영원한 것이 아닌 것, 너희들의 육체 속에는 온갖 똥물과 고름이 들어 있다."

그 말을 듣는 순간 세 딸의 미모와 교태는 허물어졌다. 그녀들의 곱던 피부가 검게 변하더니 푸석푸석 주름이 지고, 온몸 구멍마다 오물이 흘러나와 퀴퀴한 냄새를 풍겼다. 마왕의 딸들은 황급히 보리수 아래서 떠났다.

가장 위대한 정복자, 붓다

마왕은 거의 자포자기의 심정으로 다시 한번 군대를 소집해 보리수를 향해 돌격했으나 마군의 모든 무기는 꽃과 향이 되어 세상을 아름답게 장식할 뿐이었다. 그래도 마왕은 포기하지 않고 철퇴를 들고 달려들었다.

"싯닷타여, 그 승리의 자리는 나의 것이오. 그 자리에서 일어나시오."

끈질긴 욕망을 포기하지 않는 마왕에게 싯닷타는 끝내 자비심을 잃지 않고 부드럽게 말하였다.

"마왕이여, 그대는 과거에 보시한 공덕으로 욕계의 왕이 되었을 뿐입니다. 그 공덕이 이제 다 떨어져 갑니다. 어서 욕망을 내려놓고 참회하시오."

"하하, 당신은 나의 공덕을 말씀해 주셨소. 당신이 나의 공덕을 증언해 준 셈이오. 그렇다면 당신의 공덕은 도대체 무엇이오. 누가 증언해 줄 수 있소?"

"그래, 지금 이곳에는 직접 말해 줄 수 있는 증인은 없소. 그러나 나의 공덕을 대지가 증명할 것이오."

싯닷타는 오른손을 땅을 향해 앞으로 내밀면서 말했다. 이 손 모양이 바로 석가모니 붓다의 대표적인 수인(手印), 항마촉지인(降魔觸地印)이다.

"대지여, 나의 공덕을 증명해 주시오."

대지가 엄청난 굉음을 내며 진동하였다. 놀라서 뒤로 넘어질 뻔한 마왕은 그곳에 머물렀다간 큰 화를 면치 못하겠다고 판단하고 서둘러 후퇴하였다. 도망쳤던 천신들이 몰려들어 싯닷타의 승리를 찬탄하였다. 부드러운 것이 강한 것을 이기듯, 붓다의 자비가 괴력의 적을 무기력하게 만든 것이었다. 마왕과 마왕의 군사는 곧 싯닷타가 깨달음을 이루기 전에 해결해야 할 모든 번뇌의 상징이었다. 모든 번뇌를 물리친 싯닷타에게 드디어 붓다의 길이 열리고 있었다.

전쟁터에서
백만 대군을 정복한 대장군보다
자기 자신을 정복한 이가
더 위대한 정복자이다.

– 『법구경(法句經)』 제103게송

붓다의 신화

17   브라흐마의 권청

붓다의 생애가 신화화된 이유

"친구야, 조오련하고 물개하고 수영 시합하믄 누가 이기겠노?"

영화 「친구」(2001)의 앞부분에서 깨복쟁이 친구들끼리 나눈 대화이다. 이 대화는 신화가 어떻게 탄생하는지 보여 준다. 조오련은 1970년대 아시아를 대표하는 수영 선수였다. 그는 은퇴한 후 1980년에도 다시 한번 전 국민의 주목을 받는데, 대한해협을 맨몸으로 13시간 16분 만에 횡단했던 것이었다. 국민의 영웅 조오련은 자신의 실력 이상으로 다양한 이야기를 만들면서 신화화된다. 영웅은 뭇 사람들의 꿈이 되고 위안이 되고 구원자가 된다.

붓다의 일생 중 어디까지가 신화이고 어디까지가 사실인지

정확하게 판단하기는 쉽지 않다. 그러나 왜 그렇게 신화화되었 는지, 그 이야기는 어떤 의미가 있는지는 생각해 볼 필요가 있 다. 인도는 신화가 유난히 발달한 나라로, 인도 신화는 곧 종교 와 다름없다. 인도인들이 숭배하는 신 중에는 역사 속의 인물인 지 단지 신화에 불과한 것인지 분간하기 힘든 경우도 많다. 그 런 나라에서 붓다를 숭배하는 사람들도 붓다의 이야기를 다른 신화 이상으로 특별하게 만들 필요가 있지 않았을까? 곧 붓다의 신화에는 당시 붓다를 숭배하는 사람들의 염원이 담겨 있다고 하겠다. 참으로 위대한 붓다를 더욱 많은 사람들이 믿고 따라서 궁극적인 평화와 자유, 행복을 누리기를 바라는 마음이 담겨 있 다는 것이다.

49일 동안 해탈의 지복을 누리다

마왕을 물리친 싯닷타는 보리수 아래서 7일을 변함없이 결가부 좌를 하고 해탈의 지복을 누리며 앉아 있었다. 이렇게 고요히 앉 아 있는 동안 세속의 이름 '싯닷타'는 자연스럽게 '붓다'가 되었 다. 빠알리 율장에는 붓다가 맨 먼저 사유한 것이 연기법(緣起 法)이라고 나온다. 붓다는 초야와 후야에 연기법의 순관과 역관 을 숙고하였다.

"무명(無明)을 조건으로 행(行)이 있고, 행을 조건으로 식(識)

이 있고, 식을 조건으로 명색(名色)이 있고, 명색을 조건으로 육입(六入)이 있고, 육입을 조건으로 촉(觸)이 있고, 촉을 조건으로 수(受)가 있고, 수를 조건으로 애(愛)가 있고, 애를 조건으로 취(取)가 있고, 취를 조건으로 유(有)가 있고, 유를 조건으로 생(生)이 있고, 생을 조건으로 늙음과 죽음·시름·비애·괴로움·근심·번뇌가 생겨난다. 이 모든 괴로움의 다발들의 일어남이 이와 같다. 그러나 실로 무명이 남김없이 사라지면 행이 소멸하고, 행이 소멸하면 식이 소멸하며, 식이 소멸하면 명색이 소멸하고, 명색이 소멸하면 육입이 소멸하며, 육입이 소멸하면 촉이 소멸하고, 촉이 소멸하면 수가 소멸하며, 수가 소멸하면 애가 소멸하고, 애가 소멸하면 취가 소멸하고, 취가 소멸하면 유가 소멸하고, 유가 소멸하면 생이 소멸하며, 생이 소멸하면 늙음과 죽음·시름·비애·괴로움·근심·번뇌가 소멸한다. 이와 같이 이 모든 괴로움의 다발들의 소멸이 있다."

흔히들 붓다가 깨달음을 얻었다고 하는데, 그 깨달음의 내용은 분명치 않다고 말한다. 그러나 율장에 그 내용은 바로 '연기법으로 시작되는 세상의 이치'임을 분명히 밝히고 있다. 다만 보리수 아래서 붓다가 깨달은 바가 연기법만이냐 하면 그렇지 않다. 연기법을 토대로 어떻게 살아야 궁극적으로 행복해질 수 있는지를 총체적으로 깨달았다고 보아야 한다. 어떻게 살아야 하는가? 그 부분에 대한 일차적인 답이 초전법륜에 나오는바,

다섯 비구에게 설한 사성제(四聖諦)와 팔정도(八正道), 그리고 교단의 첫 출가자인 야사(Yasa)에게 설한 보시·지계·인욕 등 바라밀행이다.

밍군 사야도의 『대불전경』은 붓다가 깨달은 바를 더 구체적으로 밝히고 있다. 『대불전경』에 따르면 붓다는 숙명통·천안통·누진통을 얻은 후 예류과·사다함과·아나함과·아라한과를 차례로 증득했으며, 사성제·사무애지·육불공지 등으로 구성된 붓다의 14종 지혜와 18불공법, 사무외지와 함께 일체지를 얻음으로써 삼계의 스승인 정등각자[sammāsambuddha, 正等覺者]의 경지를 성취했다고 한다.

이렇게 깨달음을 얻은 붓다는 49일 동안 여러 나무 밑을 옮겨 다니며 해탈의 지복을 누렸다. 첫 7일 동안 앉아 있던 보리수 밑에서 해탈의 지복을 누렸으며, 두 번째 7일 동안 보리수와 보리좌를 응시하면서 보냈고, 세 번째 7일 동안은 천신들이 마련해 준 보배 경행대 위를 경행하였다. 일창 스님은 네 번째 7일 동안 붓다는 천신들이 마련해 준 보배 궁전에서 아비담마를 숙고하면서 보냈다고 말한다.

다섯 번째 7일은 아자빨라니그로다나무 아래에 앉아서 보냈고, 여섯 번째 7일째는 무짤린다나무 아래로 옮겼다. 무짤린다 아래에 있을 때는 폭풍우가 몰아쳤다. 이때 머리가 일곱 개 달린 무짤린다(Mucalinda) 용왕이 큰 머리를 우산 삼아 붓다를 씌워 주었다. 인도의 용왕은 우리에게 거대한 뱀으로 보인다. 생각해 보라. 머리가 일곱 개인 거대한 뱀이 우리의 등 뒤에서 머리 위까지 덮어 주고 있다면 우리는 기겁을 하지 않겠는가? 그러나 붓다는 그 어떤 생명체도 두렵지 않았으며, 오직 사랑과 연민의 대상일 뿐이었다.

일곱 번째 7일은 라자야따나나무 아래에서 보내고 있었는데, 두 상인 땁뿟사(Tappussa)와 발리까(Bhallika)가 욱깔라 지방에서 그 지역으로 오는 도중이었다. 마침 그 두 상인의 친척이 되는 하늘 사람이 두 상인에게 이와 같이 말했다.

"벗들이여, 위없는 깨달음을 얻으신 세존께 음식을 공양하거라. 그대들에게 오랜 세월 안녕과 행복이 있을 것이다."

상인 땁뿟사와 발리까는 붓다를 찾아가 보리죽과 밀떡을 공양하고자 하였다. 그런데 성도 직전 수자따의 공양을 먹은 후 발우를 강물 위로 띄어 보낸 터라, 붓다에게는 공양을 받을 발우가 없었다. 붓다는 손으로 음식을 받을 수 없었는데, 그때 하늘의 사천왕이 돌 발우를 바쳤고 붓다는 돌 발우에 음식을 받았다. 이렇게 하여 땁뿟사와 발리까는 붓다와 붓다의 가르침에 귀의한 최초의 재가 신자가 되었다. 미얀마 사람들은 이 두 상인이 미얀마 사람이라고 주장한다. 그 두사람이 붓다에게 붓다의 머리카락을 선물로 받았는데, 그 머리카락을 안장한 탑이 미얀마 양곤의 쉐다곤 파고다라고 한다.

내 이제 감로의 문을 여노라

성도 후 49일을 보낸 붓다는 삼매에서 깨어나 아자빨라니그로 다나무 아래로 갔다. 붓다는 생각했다.

'내가 깨달은 이 진리는 심오하고 어려워서, 감각적인 것을 좋아하는 사람들은 아무런 관심도 갖지 않을 것이다.'

붓다는 이와 같이 성찰한 후 진리를 설하는 것을 망설이고 있었다. 사실 붓다가 설법을 망설였다는 것은 신화일 가능성이 크다. 붓다의 설법을 더 극적이고 귀하게 만들기 위한 신화라는 것이다. '붓다'는 이 세상에 올 때 붓다가 되어 모든 중생을 안락하게 하겠다는 큰 원력을 세우고 왔는데, 본격적으로 그 원력을 실행할 때가 되자 오히려 포기하려는 마음을 가졌다는 것은 믿기 어렵다. 어쨌든 붓다의 가르침이 신기루가 될 수도 있는 위기 상황에서 당시 최고의 신 브라흐마 사함빠띠(Sahampati)가 등장한다.

"세존이시여, 세존께서는 진리를 가르쳐 주십시오. 선서께서는 진리를 가르쳐 주십시오. 눈에 티끌이 거의 없는 중생들이 있는데, 그들이 가르침을 들으면 부처님의 가르침을 이해할 수 있을 것입니다."

브라흐마는 이어서 다음과 같은 게송을 읊었다.

산꼭대기에 오르면 모든 사람을 볼 수 있듯이
가장 높은 곳에서 세상을 한눈에 살피시는 분이시여
슬픔에 빠져 있는 중생들을 구원하소서.
진리의 누각에 올라
생사의 굴레에 빠져 있는 이들을 굽어살피소서.
영웅이시여
일어나소서.
진리를 설파하소서.

브라흐마가 세 번이나 청하자 붓다는 붓다의 눈으로 세상을 바라보면서 눈에 티끌이 거의 없는 중생들과 마음에 때가 많이 묻은 중생들과 예민한 감각의 중생들과 둔한 감각의 중생들과 좋은 성향을 가진 중생들과 나쁜 성향을 가진 중생들과 교화하기 쉬운 중생들과 교화하기 어려운 중생들을 보았다. 붓다는 마침내 세상을 향해 사자처럼 포효하였다.

내 이제 감로의 문을 여노라.
어서 오라, 새로운 세계로.

선지식에게 설법을 권청하자

밍군 사야도는 붓다의 첫 설법이 이루어지기 위해서는 두 가지 조건이 충족되어야 한다고 말한다. 첫째는 붓다의 대비심이요, 둘째는 최고 신의 권청이다. 붓다의 대비심이야 붓다가 원력을 세울 때 이미 마련된 것이다. 그렇다면 최고 신의 권청은 왜 필요할까? 일창 스님은 최고 신의 권청이 없는데도 법을 설하면 바라문들로부터 비난을 받을 수 있기 때문이라고 말한다.

　여기서 우리는 생각해야 한다. 아무리 좋은 설법이 준비되어 있다 해도 그 설법이 저절로 주어지는 것은 아니라는 것이다. 듣고자 하는 청중이 받아들일 마음이 없다면 설법은 이루어지지 않는다. 브라흐마의 권청은 신화적으로만 의미 있는 것이 아니다. 훌륭한 가르침을 베풀 선지식이 있으면 항상 설법을 권청해야 한다는 매우 중요한 교훈을 담고 있다는 것이다.

18 우리는 서로 이어져 있다

살아 있는 것은 모두가 이어져 있다

2019년 상연된 뮤지컬 「싯다르타」의 마지막 노래는 살아 있는 모든 것은 홀로 존재하는 것이 아니라 서로 이어져 있다는 것이다.

> 홀로 있지 않아
> 살아 있는 모든 게
> 서로가 서로에게
> 인연과 인연으로
> 모두가 이어져 있다 모두가
>
> - 뮤지컬 「싯다르타」, '홀로 있지 않아'

우리 모두가 서로 이어져 있음을 깨달은 붓다는 신화적으로는 그 깨달음을 널리 전파하는 것이 '예정되어' 있었다. 그러나 신화는 이미 예정되어 있을지라도 그것을 극적으로 만든다. 전법을 포기할 수도 있는 위기의 상황에서 브라흐마의 권청으로 붓다는 전법을 결심하고 당신의 깨달음을 가장 먼저 누구에게 전할 것인지 생각한다. 붓다가 가장 먼저 떠올린 분은 당신께 무소유처정을 알려 준 위대한 명상가 알라라 깔라마였다.

'알라라 깔라마는 마음을 지극히 고요하게 다스릴 줄 아는 수행자다. 그는 나의 가르침을 바르게 깨달을 수 있을 것이다.'

그때 한 천신이 붓다에게 모습을 나타내지 않은 채 말했다.

"세존이시여, 알라라 깔라마는 일주일 전에 다른 세상으로 갔습니다."

붓다의 생애에는 수많은 천신이 등장한다. 이름이 밝혀진 경우도 있지만, 이름이 밝혀지지 않은 경우가 더 많다. 천신의 존재를 확인할 수 없는 보통 사람으로서는 천신과 관계된 이야기는 모두 신화로 보일 수밖에 없다.

붓다는 이번에는 웃다까 라마뿟따를 생각했다.

'비상비비상처정을 성취한 웃다까 라마뿟따도 나의 법을 쉽게 이해할 수 있을 것이다.'

그러자 또 다른 천신이 모습을 나타내지 않은 채 붓다에게 넌지시 말씀드렸다.

"세존이시여, 웃다까 라마뿟따는 어젯밤 자정에 죽었습니다."

웃다까 라마뿟따가 하루만 더 살았어도 붓다의 가르침을 만나 윤회에서 벗어날 수 있었을 텐데, 그는 이제 무색계 4선천에서 오랜 수명을 누리다가 수명이 다하면 인간 세상이나 욕계 천상에 태어나게 된다. 붓다는 다시 당신의 법을 맨 먼저 받아들일 사람을 생각했다. 그러고는 고행림에서 당신과 함께 수행했던 다섯 수행자를 떠올렸다. 붓다는 다섯 수행자가 어디에 있는지 천안으로 살펴보았다. 다섯 비구는 미가다야[Migadāya, 鹿野苑]에서 수행하고 있었다. 미가다야는 오늘날 바라나시(Varanasi) 옆 사르나트(Sarnath)라는 곳이다.

위대한 성인을 몰라본 우빠까

붓다는 며칠간 탁발을 하며 지내다가 보름날을 기해 가사와 발우를 챙겨 와라나시(Vārāṇasī)로 길을 떠났다. 보드가야에서 와라나시까지는 장장 240여 킬로미터의 거리다. 서울에서 경북 김천이나 전북 임실까지의 거리와 비슷하다. 그 먼 거리를 붓다는 하염없이 걸었다. 그 먼 거리를 걸어간 이유는 도중에 수행자 우빠까(Upaka)를 만날 것을 미리 알았기 때문이었다.

우빠까는 이른바 사명외도(邪命外道)라 불리는 나체로 고행하는 수행자였다. 우빠까가 붓다에게 말을 걸었다.

"벗이여. 그대의 얼굴빛이 참으로 맑고, 청정한 피부에서는 빛이 납니다. 그대는 누구에게 출가하셨고, 스승은 누구십니까?"

붓다는 게송으로 답하였다.

나는 모든 것을 이겨내고 모든 것을 알았네.
어떤 일이 있어도 번뇌로 물들지 않네.
어떤 속박에도 자유로우며 갈애(渴愛)를 소멸하여 해탈하였네.
스스로 알았으니 누구를 스승이라 하겠는가.

붓다는 오직 진실을 말하였으나 진실을 보는 눈이 부족한 우빠까는 더 이상 귀 기울이지 않았다.

"그럴지도 모르겠네요."

우빠까는 다른 길로 가버렸다. 그는 전법을 결심한 붓다를 가장 먼저 만났지만, 법을 받아들일 공덕이 부족했기 때문에 그 행운을 더 소중한 인연으로 만들지 못했다. 그러나 훗날 우빠까는 이 인연으로 붓다를 찾아와 출가하였고, 결국에는 아라한을 증득하였다고 한다. 붓다는 우빠까가 당신의 가르침을 구하지 않을 것을 알았지만, 이 인연으로 인해 훗날 승가에 출가할 것을 알았기에 그를 일부러 만난 것이었다.

기러기처럼 날아서 강을 건너다

붓다는 다시 길을 걷다가 갠지스강을 만났다. 뱃사공이 강을 건널 손님을 기다리고 있었다. 붓다는 뱃사공에게 말했다.

"착하고 어진 이여, 나를 강 건너에 데려다주길 부탁합니다."

사공은 대답했다.

"사문이시여, 뱃삯을 주시면 모셔다드리겠습니다."

"걸식하는 출가사문으로서 어찌 뱃삯이 있겠습니까? 나는 돈과 재물을 일절 소유하지 않습니다. 당신이 나를 태워 주거나 그렇지 않거나 나는 당신을 똑같이 대하겠지만, 출가사문을 태워 준 공덕은 그대에게 곧 뱃삯이 될 것입니다."

"사문이시여, 나는 뱃삯을 받아야 합니다. 뱃삯을 받아서 아내와 자식들을 부양하기 때문입니다."

이때 5백 마리의 기러기가 떼 지어 이쪽 하늘에서 저쪽 하늘로 날아가고 있었다. 붓다는 그 광경을 보며 게송을 읊었다.

기러기 떼가 항하를 건널 때
누구도 뱃삯을 요구하지 않는다네.
나도 이제 신통력을 발휘하여
저 기러기같이 허공을 날으리.

이 게송을 읊는 동안이라도 사공이 마음을 고쳐먹었으면 좋으련만 사공은 끝내 완강한 태도를 꺾지 않았다. 게송을 마친 붓다는 기러기처럼 하늘을 날아 강을 건넜다. 뱃사공은 붓다가 날아가는 것을 보고 탄식하였다.

"큰 복전(福田)을 눈앞에 두고 놓쳤구나. 참으로 애석하구나."

사공은 너무도 낙담한 나머지 혼절해 버렸다. 깨어나자마자 그는 길을 나서서 마가다국 빔비사라왕에게 이 사실을 아뢰었다. 빔비사라왕이 사공에게 말했다.

"앞으로 출가사문에게는 뱃삯을 받지 말고 강을 건네주도록 하라."

『불본행집경』은 붓다가 강을 건넌 후 다시 날아올라 와라나시까지 갔다고 전한다. 그러나 다른 문헌들은 붓다가 유행을 계속하여 와라나시에 도착했다고 말한다. 붓다가 신통력(神通力)을 최소한으로 썼던 것을 생각하면 걸어서 갔을 가능성이 높다.

다섯 수행자에게 법을 설하다

붓다는 드디어 와라나시의 미가다야에 도착했다. 긴 여행이었으나 붓다가 앞으로 45년간 줄곧 그렇게 걸을 것임을 생각하면 긴 여행은 아니었다.

붓다의 신화

다섯 수행자는 멀리서 붓다가 다가오는 것을 보고 서로 약속했다.

"벗들이여, 사문 고따마가 오고 있다. 그는 수행을 버리고 안락을 추구한 자이다. 그를 환대하지도 말고 그의 손에서 발우를 받아 들지도 말자."

붓다는 다섯 수행자가 당신을 냉담하게 대하기로 약속한 것을 이미 알고 있었다. 붓다는 다섯 수행자에게 다가가면서 자무량심(慈無量心)을 발하였다. 다섯 수행자는 붓다의 자무량심에 저절로 존경심이 생기면서 붓다를 환영하게 되었다. 한 명은 붓다의 손에서 발우를 받아 들고, 또 한 명은 돗자리를 깔았으며, 다른 한 명은 앉을 자리를 준비했고, 또 다른 한 명은 마실 물을 준비했으며, 다른 한 명은 발 씻을 물을 준비했다.

붓다는 자리에 앉아 발을 씻었다. 다섯 수행자는 궁금한 것을 여쭤보았다.

"벗이여, 고따마여! 당신이 우루웰라 숲에서 고행에 전념하고 있을 때 우리가 옆에서 당신을 시봉했소. 우리가 떠난 뒤에는 누가 당신을 시봉했습니까?"

"오, 다섯 수행자여! 나를 벗이라고나 고따마라고 부르지 마시오. 나는 바르고 원만하게 깨달은 붓다로서, 모든 번뇌를 여의고 열반을 성취했소. 당신들도 나의 가르침을 따르면 나와 같은 행복을 성취할 수 있을 것이오."

다섯 수행자는 회의적으로 반응했다.

"벗이여, 고따마여! 당신이 남보다 뛰어난 선정의 경지를 성취한 것은 사실이오. 그러나 그것으로 모든 법을 알았다고 할 수 없고, 모든 번뇌가 사라진 아라한과를 얻었다고 할 수도 없소. 더구나 당신은 고행을 포기하고 안락을 택했소. 어떻게 최고의 경지를 성취했단 말이오?"

"수행자들이여! 나는 안락을 택하지 않았소. 마음을 기울여 들어 보시오."

그러나 다섯 수행자는 고행을 버린 수행자의 성취를 믿을 수 없었다. 붓다는 다시 대답했다.

"수행자들이여, 생각해 보시오. 내가 과거에 당신들에게 나를 높이 평가해 달라는 뜻으로 '나의 벗들이여, 내가 명상과 고행 속에서 광명을 보았으니 나를 믿고 따르도록 하시오. 나는 아라한이 되었소.'라고 말한 적이 있습니까?"

다섯 수행자는 곰곰이 생각해 보았다. 극심한 고행 중이던 사문 고따마가 "나는 아라한이 되었소."라고 말했다면 그들은 분명히 믿었을 것이다. 그러나 그런 일은 결코 없었다. 그런 고따마가 이렇게 스스로 아라한이 되었다고 한다면 믿을 만한 것이 아닐까? 이런 생각 끝에 다섯 수행자는 고따마가 붓다가 되었음을 확신했다. 다섯 수행자는 이구동성으로 말했다.

"부처님이시여, 세존이시여! 예전에 그런 식으로 말씀하신

적이 없었습니다."

다섯 수행자는 붓다에게 겸손한 태도로 예를 올린 후 자세를 고쳐 앉았다. 붓다는 드디어 법의 바퀴를 굴리기 시작했다.

"비구들이여, 세상에는 두 가지 극단이 있다!"

붓다의 이 말씀은 일만 세계 전체에 메아리가 되어 울려 퍼졌다. 위로는 무색계에서도 가장 높은 유정천에 이르렀고, 아래로는 지옥 중에서도 가장 낮은 곳에 위치한 아비지옥에 이르렀다. 신들은 외쳤다.

"세존에 의해 와라나시의 이시빠따나(Isipatana)의 미가다야에서 위없는 법의 바퀴가 굴려졌다. 사문에 의해서나 바라문에 의해서나 신에 의해서나 마라에 의해서나 범천에 의해서나 세상에 있는 그 누구도 이 법의 바퀴를 멈출 수 없다."✦

신들의 외침은 얼마나 상징적인가? 실로 붓다의 가르침을 전하고자 하는 인간의 의지를 누가 꺾을 수 있었던가? 다른 종교처럼 무력이나 물력(物力)을 사용하지 않았음에도 붓다의 가르침은 전 세계로 퍼져 나갔다. 인도에서 막히면 중국에서 퍼졌고, 중국에서 막히면 한국에서 퍼졌다. 우리나라에서는 500년 동안 불법을 탄압했지만 사라지지 않았다.

✦　(PTS.) Vinaya Vol.1, 11~12쪽 참조.

「초전법륜상(初轉法輪像)」
붓다가 처음 설법하는 모습을 조각으로 담았다,
인도 사르나트박물관.

붓다의 신화

율장은 붓다가 중도를 설한 후 사성제를 설하는 장면을 보여 준다. 사성제 설법을 마치자 다섯 비구는 모두 환희에 차 있었고, 특히 꼰단냐는 '무엇이든 생겨난 것은 모두가 소멸하는 것이다.'라는 진리의 눈을 떴다. 붓다는 이를 알아보고는 감흥어를 읊었다.

"꼰단냐가 궁극적인 앎을 얻었다. 꼰단냐가 궁극적인 앎을 얻었다!"[✦]

그리하여 꼰단냐는 이후 '안냐따 꼰단냐(Aññāta Koṇḍañña)'라고 불리게 되었다. 붓다는 이어서 무아(無我)의 가르침을 펼쳤다.

"비구들이여, 어떤 물질도 내가 아니며 나의 것이 될 수 없다. 만약 물질이 나라면 그 물질에는 고통이 따르지 않을 것이다. 또 물질이 나의 것이라면 '나의 물질이 이와 같이 되기를, 나의 물질이 이와 같이 되지 말기를.' 하고 바라면 그대로 되겠지만, 실로 그렇지 않다."

붓다는 느낌과 인식과 의지 작용과 의식이 모두 무아임을 가르쳤다. 다섯 비구는 붓다의 가르침을 듣고 모두 아라한이 되었다. 이렇게 하여 이 세상에는 붓다를 포함하여 여섯 명의 아라한이 존재하게 되었다.

[✦] (PTS.) Vinaya Vol.1, 12쪽: "aññāsi vata bho koṇḍañño aññāsi vata bho koṇḍañño."

왜 전법해야 하는가

이쯤에서 또 한 명의 신화적인 인물을 이야기할 필요가 있다. 왕자 싯닷타가 붓다가 될 것이라고 예언했던 아시따 선인의 조카 날라까는 출가하여 히말라야에서 홀로 수행하고 있었다. 천신들이 붓다가 전법을 시작했다는 소식을 날라까에게 전해 주자, 그는 먼 길을 마다하지 않고 붓다를 찾아가 법문을 청했다. 붓다의 법문을 전해 듣고 그대로 실천한 날라까는 아라한이 된 후 반열반에 들었다.

이렇게 붓다의 전법이 본격적으로 시작되었다. 전법이 이루어짐으로써 붓다는 진정으로 우리의 스승이 되었다. 만약 싯닷타가 스스로 깨달아 붓다가 되었다 해도 전법하지 않고 반열반에 들었다면, 우리는 붓다를 알지도 못했을 것이다. 전법을 통해 우리는 붓다의 가르침을 알게 되었고, 붓다의 가르침을 전하기 위해 노력하고 있다.

왜 전법해야 하는가? 나만 잘되면 되는 것이 아닌가? 아니다. 우리는 홀로 존재하는 것이 아니라 서로 이어져 있기 때문이다. 서로 의존하여 존재하기 때문이다. 따로 떨어져서 존재할 수 없기에 나만 따로 떨어져서 행복해질 수 없다. 그러기에 우리는 끊임없이 '모두'가 행복해지기 위해 전법해야 한다.

"홀로 있지 않아, 우리는 모두가 서로 이어져 있다, 모두가!"

19

재벌 2세,
출가하다

만약 재벌 총수의 젊은 외아들이 출가한다면?

출가 이야기가 붓다의 경우와 놀랍도록 닮은 사람이 있다. 바로
와라나시 최고 부호의 아들 야사(Yasa) 비구이다. 그는 당시 와
라나시 최고 부호의 외아들로, 오늘날 우리나라의 경우라면 삼
성 정도 되는 재벌 총수의 외아들인 셈이다.

야사의 아버지는 아들이 안락하게 지낼 수 있도록 온갖 편
의를 제공하였다. 대저택을 세 곳에 지어 주었는데 한 곳은 겨울
을 위한 것이었고, 한 곳은 여름을 위한 것이었으며, 한 곳은 우
기를 위한 것이었다. 와라나시의 겨울은 12~2월, 여름은 3~5월
과 9~11월, 우기는 6~8월이다. 야사는 세 곳에 거처를 두고 번

같아서 생활하였다. 야사의 아버지는 아들을 더 행복하게 해 주기 위해 야사를 아름다운 처녀와 일찌감치 혼인시키고, 집안의 모든 일꾼들을 여성으로 고용했다. 야사가 호화로운 생활을 하는 것을 남성들이 질투하거나 곱지 않은 눈으로 볼 수 있다는 염려 때문이었다. 또한 수많은 여성 악사들을 고용해 음악을 연주케 하고, 무희들에게 춤을 추게 했다.

출가 전 싯닷타의 아버지 숫도다나왕은 아들의 출가를 막기 위해 온갖 쾌락을 제공했는데, 야사의 아버지는 안락을 누리는 것 자체가 행복이라고 생각했던 것 같다. 이렇게 호화로운 생활을 하던 야사가 어느 날 전격적으로 출가를 했으니 얼마나 큰 사건이었겠는가. 그만큼 야사의 출가는 승가의 비약적인 발전의 시작이었고, 붓다의 가르침이 누구에게든 전파될 수 있음을 보여 준 사건이었다. 야사의 출가 이야기를 『마하박가(Mahāvagga)』, 『사분율(四分律)』, 『오분율(五分律)』, 『근본설일체유부비나야(根本說一切有部毘奈耶)』 등 율장에 나온 내용을 중심으로 재구성해 본다.

'여기'에는 괴로움도 없고 고통도 없다

붓다가 처음으로 가르침을 베풀기 시작하여 다섯 비구를 아라한으로 만든 시점이었다. 밤새도록 향락에 취해 있었던 야사는 잠

붓다의 신화

에 빠져들었다가 새벽녘 잠이 깨었다. 몽롱한 채로 시녀들이 잠자는 것을 보니 어떤 시녀는 비파를 겨드랑이에 끼고, 어떤 시녀는 작은 북을 목에 달고, 어떤 시녀는 장구를 겨드랑이에 끼고, 어떤 시녀는 머리를 산발하고, 어떤 시녀는 침을 흘리고, 어떤 시녀는 잠꼬대를 심하게 하고 있었다. 시녀들의 추한 모습을 본 야사는 갑자기 이런 생활이 너무도 지겹고 한심하게 느껴졌다.

'도대체 이런 쾌락이 무슨 의미가 있단 말이냐?'

야사는 향락의 늪인 집에서 떠나고 싶어졌다. 이때 신들이 야사의 가출에 개입한다. 신들은 이 가출이 출가로 이어지리라는 것을 기대하고 있었지만, 야사가 애초에 출가를 생각하고 집을 나선 것은 아니었다. 야사가 황금 신발을 신고 현관문으로 향하자 신들이 '야사가 출가하는 데 어떤 장애도 있어서는 안 돼!'라고 생각하며 소리 없이 문을 열어 주었다. 아무도 모르게 밖으로 나간 야사가 도시의 성문을 나갈 때도 도시의 수호신들이 성문을 열어 주어 그가 마을을 무사히 벗어나 붓다에게 갈 수 있도록 길을 인도하였다. 야사는 결국 붓다가 경행하고 있는 미가다야에 도달하게 되었다.

붓다는 야사가 멀리서 오는 것을 보고는 경행을 그만두고 마련된 자리에 앉았다. 야사는 포효하듯 외쳤다.

"아! 참으로 괴롭구나! 아! 참으로 고통스럽구나!"

붓다는 가까이 다가온 야사에게 옆자리를 가리키며 말을

건넸다.

"야사여, '여기'에는 괴로움도 없고 고통도 없다. 야사여, 와서 앉아라. 내가 그대에게 법(法)을 설하겠다."

야사는 "여기에는 괴로움도 없고 고통도 없다."라는 붓다의 말씀을 듣고 황금 신발을 벗고 붓다에게 다가가 인사하고 자리에 앉았다. 야사가 붓다에게 여쭈었다.

"부처님이시여, 어찌하여 여기에는 괴로움도 없고 고통도 없습니까? '여기'와 제가 온 곳은 다릅니까?"

"야사여, 그렇다. 내가 '여기'가 어떤 곳인지 말해 주마."

천상의 행복도 영원하지 않느니라

붓다는 야사에게 나직한 목소리로 물었다.

"야사여, 무엇이 그리 괴로운가?"

"저는 부유한 아버지의 배려로 온갖 향락을 누리며 살고 있습니다. 온갖 향락을 누리는 동안에는 행복한 듯했지만, 그것은 한 순간뿐이었습니다. 그 순간이 지난 지금은 너무도 괴롭습니다."

"향락을 누리는 것만으로 행복해질 수 없다. 그러나 너는 부유하기 때문에 얼마든지 보시할 수 있다. 보시라는 선행은 참으로 큰 과보가 있다. 보시를 통해 전륜성왕도 되고 하늘나라에도 태어날 수 있다."

붓다는 보시행의 의미에 대해 자세히 설명한 후 바른 생활에 대해 말했다. 바른 생활은 욕심이나 분노나 어리석음으로 자신이나 남을 해치지 않는 행위라고 말한 붓다는 보시를 실천하고 바르게 생활한 이는 죽어서 천상에서 천신으로 태어나 복락을 누린다고 이야기했다. 야사가 이때 붓다에게 여쭈었다.

"부처님이시여, 저는 천상에 살고 있진 않지만, 무엇 하나 부족함이 없었습니다. 천상과 다름없는 곳에서 살았지만 괴로웠습니다."

붓다는 야사에게 건강하고 유연한 마음이 생긴 것을 알고 그에게 네 가지 진리, 즉 사성제를 가르칠 때가 되었다고 생각하였다. 붓다는 야사에게 괴로움의 진리, 괴로움의 기원에 관한 진리, 괴로움의 소멸에 관한 진리, 괴로움의 소멸로 향하는 길에 대한 진리를 차례로 설하였다.

붓다가 사성제를 설하자 마치 얼룩 없는 깨끗한 천이 물감의 색깔을 그대로 받아들이는 것처럼, 야사는 '무엇이든 생겨나는 모든 것은 소멸하는 것이다.'라는 티끌이 없고 때가 없는 진리의 눈이 생겨나 수다원도(須陀洹道)에 들어서게 되었다.

처음으로 재가 신도가 생기다

아침이 되어 야사가 보이지 않자 아버지인 장자는 말 타는 사람들을 사방으로 보내 야사를 찾게 하는 한편, 자신은 미가다야로 향했다. 장자는 곧 야사의 발자국을 발견하고 그 발자국을 따라간 결과 야사가 벗어 놓은 황금 신발을 보았다. 장자는 어렵지 않게 붓다가 있는 곳을 찾아가게 되었다. 붓다는 야사의 아버지가 멀리서 오고 있는 것을 보고, 신통력으로 야사의 아버지가 야사를 볼 수 없도록 했다. 장자가 붓다에게 다가와서 여쭈었다.

"세존이시여, 혹시 저의 아들 야사를 보셨습니까? 이 황금 신발이 근처에 있는 것으로 보아 이곳에 온 것이 틀림없는 듯합니다만."

"장자시여, 여기에 앉으십시오. 여기에 앉으시면 야사를 보실 수 있을 것입니다."

장자는 '내가 여기에 앉으면, 내 아들 야사를 볼 수 있을 것이다.'라고 생각하며 기대에 찬 마음으로 붓다에게 인사하고 한쪽에 앉았다. 붓다는 야사에게 전했던 가르침을 장자에게 순서대로 베풀었다. 명민한 장자는 붓다의 말씀을 알아듣고 진심으로 감동했다.

"세존이시여, 참으로 훌륭하십니다. 넘어진 이를 일으켜 세우듯, 길 모르는 이에게 길을 가르쳐 주듯, 어둠 속에서 등불을 켜듯, 세존께서는 실로 저에게 지혜의 광명을 주셨습니다. 세존이시여, 저는 세존과 가르침과 비구 승가에 귀의하겠습니다. 세존께서는 저를 재가 신자로 받아 주십시오. 오늘부터 목숨이 다하도록 귀의하겠습니다."

　이렇게 하여 야사의 아버지는 세상에서 최초로 붓다와 가르침과 승가 등 삼보(三寶)에 귀의한 우바새(優婆塞)♦가 되었다. 붓다가 아버지를 위하여 가르침을 설할 때에 야사는 자신의 몸과 마음을 있는 그대로 바로 보고 집착 없이 번뇌로부터 마음을 해탈했다. 붓다는 야사가 출가할 마음을 냈고, 더 이상 물러설 생각이 없음을 알았다. 이제는 신통변화를 부릴 이유가 없어졌다고 생각한 붓다는 옆에 앉아 있는 야사를 장자가 볼 수 있도록 하였다.

　"사랑스러운 야사야, 부처님 말씀대로 너를 볼 수 있게 되었구나. 너의 어머니가 비탄에 젖어 있다. 어서 집으로 가자꾸나."

　야사는 대답 대신 붓다를 바라보았다. 붓다는 장자에게 말했다.

　"장자시여, 야사는 스스로의 몸과 마음을 있는 그대로 바로 보고 번뇌로부터 마음이 해탈되었습니다. 다시 재가의 생활로 돌아가 감각적 쾌락을 누리는 것이 가능하다고 생각하십니까?"

　장자도 붓다의 차제설법(次第說法)에 따라 붓다의 가르침을 깊이 이해하였기 때문에 바른 견해로 대답했다.

♦　우바새(優婆塞): 남성 신도

"세존이시여, 그렇지 않습니다."

붓다는 야사가 이제 수행자로서 살아야 함을 장자에게 분명하게 전했다.

"장자시여, 야사는 스스로의 몸과 마음을 있는 그대로 바로 보고 번뇌로부터 마음이 해탈되었습니다. 감각적 쾌락을 누리기 위해 다시 집으로 가는 일은 없을 것입니다."

붓다의 가르침에 이미 큰 감화를 받은 장자는 선뜻 아들의 출가를 인정했다.

"세존이시여, 그러면 야사를 시자 수행자로 삼아 저의 공양을 받아 주십시오."

붓다는 침묵으로 허락하였다. 장자는 붓다가 허락한 것으로 알고 자리에서 일어나 붓다에게 인사하고 오른쪽으로 돌아 그곳을 떠났다. 야사는 아버지가 떠난 지 얼마 되지 않아 붓다에게 이와 같이 말했다.

"세존이시여, 저는 세존께 출가하여 구족계를 받고자 합니다."

"오라, 비구여! 가르침은 잘 설해졌으니, 그대는 괴로움의 종식을 위해 청정한 삶을 살아라!"

이것이 야사에게 구족계가 되었는데 『오분율』에 따르면 이때 야사에게 저절로 발우가 들려졌다고 하며, 『과거현재인과경 (過去現在因果經)』에서는 야사 존자가 비단옷을 벗어 버리자 머리카락과 수염이 저절로 바닥에 떨어지고 가사가 저절로 입혀졌다고 한다. 이렇게 해서 세상에는 일곱 명의 아라한이 생겨났다.

야사의 아버지는 붓다와 제자들을 초청하였고, 야사의 어머니가 손수 음식을 만들어 공양을 올렸다. 야사의 어머니는 붓다의 법문을 듣고 오계를 받아 최초의 우바이(優婆夷)◆가 되었다. 남편의 출가에 절망해 있던 야사의 아내도 시어머니를 따라 두 번째 우바이가 되었다. 이렇게 야사의 출가로 인해 재가 신도가 형성되었다.

붓다의 신화는 지금도 계속되고 있다

야사의 가족들이 붓다를 만나 쉽게 감화된 반면, 야사의 출가 소식을 듣고 그의 친구들이 오히려 충격에 빠졌다. 야사의 친구들 중 와라나시 성안에 살고 있는 위말라(Vimala), 수바후(Subāhu), 뿐나지(Puṇṇaji), 가왕빠띠(Gavaṃpati)가 먼저 야사를 찾아갔다.

"자네, 아름다운 아내와 언제 보아도 반가운 친구들을 두고 혼자서 출가할 수 있나? 도대체 무슨 일인가?"

이렇게 따지면서도 친구들은 야사의 평온한 얼굴에 알 수 없는 위엄이 깃들어 있음을 발견했다. 야사를 데려가려던 친구

◆　우바이(優婆夷): 여성 신도.

들이 도리어 야사의 태도에 감복했다. 네 명의 친구는 붓다를 만나 뵙고 그 자리에서 출가하게 되는데, 그들의 머리카락과 수염이 저절로 바닥에 떨어졌으며 그들의 손에는 발우가 들려졌다. 그들은 붓다의 법문을 듣고 모두 아라한이 되었다.

이 소식을 들은 와라나시 성 밖에 살고 있는 야사의 친구 50명이 한꺼번에 야사를 찾아와 그들 역시 똑같은 방식으로 출가자가 되고 아라한이 되었다. 그들이 출가의 마음을 낼 때도 머리와 수염이 저절로 바닥에 떨어졌으며, 그들의 손에는 발우가 들려졌다. 그리하여 세상에는 붓다를 필두로 하여 아라한이 61명이 되었다.

신들이 야사의 출가를 특별히 도운 이유는 무엇일까? 선신들은 많은 사람들이 붓다의 가르침을 배워 세상이 행복으로 가득하기를 바라기 때문이다. 선신들은 야사의 출가를 계기로 승가가 비약적으로 발전하리라는 것을 알았기에 야사의 출가를 적극적으로 도왔던 것이다.

붓다가 왕족으로서 특별한 출가를 단행했다면, 야사는 대부호의 아들로서 특별한 출가를 단행했다. 역사적으로 이런 일은 참으로 많았다. 양나라의 무제가 그러했고, 청나라의 순치제가 그러했으며, 우리나라에서는 신라의 법흥왕과 진흥왕이 그러했다. 오늘날에도 있다. 최근 베트남의 철강 대기업 호아센 그룹의 창업자 레 프억 부(Le Phuoc Vu)가 출가를 선언했다. 말레이시아

붓다의 신화

아잔 시리판요(Ajahn Siripanyo) 스님은 재벌 2세로서 7조 원 이상의 유산을 버리고 출가했다. 붓다 시대의 신화가 지금도 계속되고 있음이다. 나는 신들이 붓다의 출가를 도왔듯이 여전히 신심으로 출가하는 것을 돕는다고 믿는다. 붓다가 야사를 만나 한 말을 상기해 보자.

"'여기'에는 괴로움도 없고 고통도 없다."

'여기'는 곧 '승가'이다. 승가라고 어찌 괴로움과 고통이 없겠는가? 그러나 '여기', 승가에 괴로움과 고통을 이겨낼 수 있는 '길'이 있다. 그 길을 함께 가자고 자신 있게 권한다.

20 깟사빠 삼 형제의 귀의

불의 설교(The Fire Sermon)

인간의 역사에서 불처럼 유용하면서 또한 불처럼 위험한 것이 있을까? 인간 문명의 비약적인 발전이 불의 사용으로부터 시작되었고, 오늘날의 첨단 문명을 가능케 한 산업 혁명 또한 불이 없었다면 있을 수 없는 일이니, 불은 인간의 역사에서 가장 중요한 열쇠라 해도 과언이 아니다.

20세기 문학사에서 가장 중요한 시 문학 작품으로 평가받고 있는 T.S. 엘리엇(Thomas Stearns Eliot, 1888~1965)의 장시 「황무지(The Waste Land)」의 제3부는 '불의 설교(The Fire Sermon)'이다. '불의 설교'는 붓다가 불을 섬기던 제자들을 데리고 가야산을 넘

붓다의 신화

다가 설한 「불타오름 경(Āditta-sutta)」의 다른 이름이다. 이 경에서 불은 탐욕과 성냄과 어리석음 등 온갖 번뇌를 상징한다. 이 '불의 설교'가 향락과 부패에 찌든 현대 사회를 '황무지'로 상정한 엘리엇의 시 속에서 한 중앙을 차지하고 있다.

「황무지」는 서구 신화의 중요한 축을 차지하는 성배(聖杯) 이야기를 모티프로 하고 있다. 서구 신화 속에서 어부왕은 벌을 받아 성불구자가 되었는데, 예수가 제자들과의 최후의 만찬에서 사용했던 잔에 담긴 피를 성기에 바르면 치유된다고 한다. 어부왕의 성불구는 '도덕성이 마비된' 불모의 황무지 같은 현대 사회를 상징하며, 이를 치유하는 방편으로 '불의 설교'가 등장하는 것이다.

> 카르타고로 그때 나는 왔다
> 불이 탄다 탄다 탄다 탄다
> 오 주여 당신이 저를 건지시나이다
> 오 주여 당신이 건지시나이다
> 탄다
> - T. S. 엘리엇, 「황무지」

이 대목에서 '불'은 세상을 황무지로 만든 욕망과 갈애를 태워버리는 역할을 함으로써 '구원'을 상징한다. '탄다'라는 말을 여러 번 반복함으로써 인간 내면에 깊숙이 자리한 악을 제거하려는 열망을 표출하고, 그로 인한 구원을 "주여 당신이 저를 건지시나이다"라고 표현한다. 「황무지」에서는 불이 모든 욕망을 불태워 버리는 '정화(淨化)'의 작용을 하지만, 붓다의 '불의 설교'에서 불은 탐·진·치(貪·瞋·痴) 삼독(三毒)을 상징하는 것이었다.

법을 전하러 길을 떠나라

와라나시에서 60명의 제자들을 아라한으로 만든 붓다는 60명의 아라한들을 모아 놓고 이른바 전도선언(傳道宣言)을 한다.

"비구들이여, 나는 신과 인간을 구속하는 모든 굴레로부터 해방되었다. 그대들 역시 신과 인간을 구속하는 모든 굴레로부터 해방되었다. 이제 법을 전하러 길을 떠나라. 모든 중생의 이익을 위해, 많은 사람들의 행복을 위하여, 연민의 마음으로 길을 떠나라. 마을에서 마을로, 두 사람이 같은 길을 가지 말고 혼자서 가라."

와라나시에서 충분한 실험을 거친 붓다의 전법은 이렇게 해서 세계만방으로 떠날 준비를 갖춘다. 와라나시는 붓다의 교리가 구체적인 모습을 보였고, 그 결과 최초로 교단이 형성된 곳이다. 그런데 와라나시에서 탄생한 승가를 붓다는 연속적으로 끌고 가지 않았다. 생각해 보면 참으로 특이한 일이다. 60명의

붓다의 신화

우수한 인재를 발굴해 놓고는 그들로 하여금 각자 길을 떠나게
하고, 당신 또한 홀로 길을 떠났다. 이는 붓다가 내려놓음을 얼
마나 철저하게 실천했는지를 보여 주는 사례이며, 붓다의 인생
목적이 오직 최대한 많은 중생들의 평화와 행복에 있음을 말해
준다. 교단을 만든 이 중 최초의 제자들을 각자 다른 길로 가게
만든 다음, 자신 또한 혼자 '외롭게' 길을 떠난 경우가 어디 있는
가? 붓다가 유일하지 않을까 싶다.

우루웰라 깟사빠

붓다의 우루웰라 깟사빠(Uruvela kassapa)와의 만남은 다분히 의
도된 것이었다. 전도선언 이전에 붓다는 당신이 갈 길을 우루웰
라로 잡았는데, 우루웰라와 그 인근에 바른길을 갈 수 있는 외도
수행자 깟사빠 삼 형제가 있었기 때문이었다. 깟사빠 삼 형제는
우루웰라를 중심으로 커다란 수행자 교단을 이끌고 있었는데,
그들은 머리를 땋아 묶고 불을 숭배하였다. 네란자라강의 상류
쪽에 큰형인 우루웰라 깟사빠가 오백 명의 제자들을 거느리고
있었고, 중류쯤에는 둘째 나디 깟사빠(Nadī kassapa)가 삼백 명의
제자들을 거느리고 있었으며, 막내인 가야 깟사빠(Gayā kassapa)
는 강의 하류에서 이백 명의 제자들을 거느리고 있었다.

붓다는 야사와 그의 친구들을 아라한으로 만든 뒤 오늘날

의 부다가야 인근에 해당하는 우루웰라로 간다.

"깟사빠 님이시여, 지나가는 나그네입니다. 당신의 처소에서 좀 쉬어 갈 수 있겠습니까?"

오백 명의 수행자를 이끌고 있는 깟사빠의 권위는 대단했다. 깟사빠는 곁눈질로 붓다를 바라보았다. 붓다는 당시 35세의 젊은 나이였으므로, 노숙한 깟사빠에게는 시봉하는 제자들도 없이 단신으로 온 붓다가 어린 애송이로 보였다. 깟사빠는 가볍게 대답했다.

"우리 사원에는 많은 수행자들이 머물고 있습니다. 유감스럽게도 나그네가 쉴 만한 곳은 없습니다."

"깟사빠시여, 당신에게 제자들이 많다는 것은 이미 알고 있습니다. 혹시 문제가 없다면 당신의 사당에서라도 묵을 수 있도록 해 주십시오."

붓다는 이미 깟사빠의 사당에 무서운 독룡이 있다는 것을 알고 있었다. 그러나 붓다에게 독룡 따위가 무서울 리는 없었다.

"사당이라면 아무 문제 없습니다. 그러나 사당 안에 사나운 독룡이 있어서 당신을 해칠지도 모릅니다."

"걱정하지 마십시오. 며칠 쉬어 갈 수 있도록만 해 주십시오."

"사당에서라면 얼마든지 쉬어 가십시오."

사당에는 그들이 섬기는 세 개의 불꽃이 쉬지 않고 타오르고 있었다. 붓다는 풀을 깔아 자리를 만든 뒤 가부좌하고 앉아 곧 삼매에 들었다. 붓다가 삼매에 들어 있는 사이 독룡이 시끄러운 소리를 내면서 나타났다. 붓다는 전혀 동요하지 않고 평안하게 앉아 있었다. 독룡은 갑자기 화가 났다.

"아니, 도대체 당신은 누구요? 내가 누군 줄 알고 나의 처소에서 인사도 없이 잠을 잔단 말이오?"

독룡은 독 기운이 가득한 연기를 세차게 뿜었다. 독룡의 공격을 이미 예상하고 있었던 붓다는 화광삼매(火光三昧)에 들어 '내가 이 용의 피부와 가죽과 살과 힘줄과 뼈와 골수를 전혀 다치지 않게 하면서, 나의 불로써 용의 불을 소멸시켜야겠다.'라고 생각하면서 독룡에게 불꽃을 토하였다. 사당은 불이라도 난 것처럼 검은 연기와 붉은 불꽃에 휩싸였다. 멀찍이서 지켜보던 깟사빠의 제자들은 저마다 한마디씩 던졌다.

"벌써 몇 번째야. 저 수행자도 독룡의 먹이가 되는구나."

이튿날 아침, 웅성거리며 사람들이 몰려들었다. 깟사빠도 사당으로 다가갔다. 그는 어젯밤에 온 사문이 분명 시체가 되었으리라고 생각하고 있었다. 그러나 붓다는 아무렇지도 않다는 듯이 사당에서 나왔다. 깜짝 놀란 깟사빠가 물었다.

"간밤에 아무 일도 없으셨습니까?"

"당신이 말한 위험한 독룡이라는 것이 바로 이것입니까?"

붓다가 발우를 열어 보였다. 발우 안에는 작은 뱀이 똬리를 틀고 있었다. 불기운이 모두 없어져 버린 용은 자그만 뱀에 불과했다. 전혀 예상치 못했던 상황에 깟사빠는 몹시 당황했지만, '이 사문이 대단하긴 해도 나와 같은 아라한은 아닐 것이다.'라고 생각하며 짐짓 아무렇지도 않은 듯 말했다.

"괜찮으시다니 다행입니다."

붓다는 근기에 따라 교화의 방법을 달리한다. 붓다의 교화 방법 중에 신통력은 어쩌면 최후의 수단이었는지 모른다. 그런데 우루웰라 깟사빠에게는 신통력을 먼저 보여 주었다. 그것은 그만큼 깟사빠가 논리적인 교리의 설명으로는 교화될 수 없는 상대임을 알았기 때문이었다. 깟사빠는 자신이 깨달음을 완성한 아라한이라는 상을 강하게 갖고 있었기에, 이를 굴복시키기에는 신통력만큼 효과적인 것이 없었다.

깟사빠는 붓다에 대해 두려운 마음을 가졌지만, 겉으로는 위엄을 갖추고 늘 낮은 목소리로 말했다. 대신 사람들에게 자신의 권위를 보여 주어야 할 때는 붓다가 나타나지 않기를 바랐다.

하루는 큰 제사가 있던 날이었다. 마가다국과 앙가(Aṅga)국에서 온 많은 신자들이 사원으로 입장했다. 깟사빠는 오늘만은 제발 붓다가 나타나지 않기를 고대했다. 많은 사람들 앞에서 붓다가 신통력이라도 보이게 되면 자신의 위신이 크게 꺾일 것을 두려워한 것이다. 깟사빠의 기대대로 붓다는 그날 나타나지 않았다. 다음 날 아침, 붓다가 발우를 들고 나타나자 깟사빠는 몹시 반가운 척하며 말했다.

"어이쿠, 왜 이제야 오셨습니까? 어제 오셨으면 맛있는 음식이 많았을 텐데요."

"제가 오지 않았으면, 하고 생각하지 않으셨습니까?"

"그럴 리가요? 어서 안으로 드시지요."

깟사빠는 다시 한번 붓다의 위신력에 놀랐다. 그러나 아직까지도 깟사빠는 붓다에게 고개를 숙일 생각은 전혀 없었다. 『마하박가』에 따르면 그 외에도 붓다에게 많은 기적이 일어난다. 붓다의 신통력에 따른 것이 대부분이었지만, 신들이 붓다를 돕기 위해 벌인 기적도 있었다. 그때마다 우루웰라 깟사빠는 감탄하면서도 붓다에게 귀의할 생각은 하지 않았다.

이런 일도 있었다. 어느 날 우루웰라 깟사빠가 붓다에게 찾아와 "위대한 사문이여, 공양이 준비되었습니다. 제 암자로 오셔서 잡수시기 바랍니다."라고 말했다. 붓다는 "먼저 가시오. 곧 뒤따라 가겠소이다."라고 말하고는, 신통력으로 잠부디빠 대륙 끝에 가서 잠부나무 열매를 주워서 들고는 깟사빠보다 먼저 암자에 도착했다. 깟사빠가 "아니, 사문이여! 저보다 늦게 출발하셨는데, 벌써 오셨습니까?"라고 묻자 붓다는 "잠부디빠 대륙 끝에서 이 열매를 가져왔습니다, 원하시면 맛있게 드시지요."라고 말했다. 하지만 깟사빠의 마음은 여전히 움직이지 않았다.

어느 날 폭우가 쏟아졌다. 지대가 낮은 우루웰라는 강물이 범람할 때마다 위험에 처하곤 했다. 깟사빠의 처소는 언덕 위에 있어서 안전한 편이었지만, 강가에 있는 붓다의 처소는 누가 봐도 안전하지 않았다. 깟사빠는 제자들과 함께 배를 타고 붓다를 찾았다.

"고따마여, 고따마여! 어디 계십니까?"

깟사빠와 그의 제자들의 목소리는 성난 물소리에 섞여 멀리 가지 못했다.

"나는 여기 있습니다."

소리 나는 쪽을 바라보니, 붓다가 당신 주위의 물을 없앤 뒤 먼지가 날리는 땅 위에서 경행하고 있었다. 붓다는 허공으로 날아올라 배 위에 올라섰다. 그럼에도 깟사빠는 생각했다.

'이 사문의 위력은 참으로 대단하다. 그러나 그는 나와 같은 아라한은 아니다.'

붓다는 드디어 깟사빠에게 직접적으로 말했다.

"깟사빠여, 당신은 아라한도 아니고 아라한의 경지에 들지도 못했습니다. 아라한의 경지에 들기 위해서는 더 공부하셔야 합니다."

그러자 깟사빠는 붓다의 말이 진정으로 옳다고 생각하고 무릎을 꿇은 후 붓다의 발에 머리를 대고 예를 갖추었다.

"세존이시여, 저는 세존의 곁으로 출가하여 구족계를 받고 싶습니다. 저를 당신의 제자로 받아 주십시오."

"당신은 오백 명이나 되는 수행자들의 지도자입니다. 나의 제자가 되고 싶다면 그들에게 먼저 알리는 것이 순서일 것입니다. 당신의 제자들이 각자의 길을 선택하도록 기회를 주어야 합니다."

깟사빠는 제자들을 모두 소집하고는 큰 소리로 말했다.

"나는 사실 아라한이 아닙니다. 흉내를 냈을 뿐입니다. 이제 진정한 아라한을 알게 되었습니다. 나는 그분의 제자가 되고자 합니다. 여러분은 각자 자신의 길을 가시기 바랍니다."

제자들은 한목소리로 말했다.

"저도 스승의 뒤를 따르겠습니다."

깟사빠와 그의 오백 제자는 머리카락을 잘라 제사 도구와 함께 네란자라 강물에 띄워 보내고는 붓다에게 간절히 청하였다.

"세존이시여, 당신께 출가하여 구족계를 받을 수 있도록 허락하소서."

"오십시오, 비구들이여. 나의 가르침 안에서 수행하면 괴로움에서 완전히 벗어날 수 있을 겁니다."

붓다가 출가를 허락하자 우루웰라 깟사빠와 오백 명의 수행자들에게 저절로 가사가 입혀지고 발우가 들려졌으며, 그들은 마치 출가한 지 60년이 된 장로처럼 바뀌었다. 밤낮없이 타오르던 배화교도(拜火敎徒) 사당의 불은 꺼지고, 아무것도 모르는 강물은, 아니 모든 것을 알고 있는 강물은 말없이 우루웰라 깟사빠와 오백 명의 수행자들이 버린 많은 머리와 제사 도구들을 데리고 북쪽 가야로 흘러갔다.

가야에는 우루웰라 깟사빠의 동생 나디 깟사빠가 삼백 명의 제자들을 이끌고 수행하고 있었다. 강물에 몸을 담그고 기도하던 나디 깟사빠는 머리카락들로 뒤덮인 강물을 보고 깜짝 놀랐다. 뭉텅뭉텅 잘린 머리카락은 자기와 같은 배화교도들의 것임이 틀림없었다. 떠내려온 제사 도구들도 배화교도들의 것이었다.

"아니, 형님의 제자들이 왜 머리를 자르고 제사 도구들을 버린 것일까?"

나디 깟사빠는 삼백 명의 제자들을 데리고 허겁지겁 우루웰라로 달려갔다. 나디 깟사빠는 다시 한번 놀랐다. 그토록 위엄 있던 형이 삭발한 채 한 젊은 사문의 발아래 예배하고 있는 것이 아닌가.

"이게 대체 어찌 된 일입니까?"

우루웰라 깟사빠는 그간에 있었던 일들을 동생에게 낱낱이 들려주었다. 동생은 한참 생각에 잠겼다가 말했다.

"나는 어떻게 해야 할까요, 형님?"

우루웰라 깟사빠는 동생의 머리카락을 잘라 주며 말했다.

"너도 마땅히 부처님의 제자가 되거라."

나디 깟사빠와 그의 제자들 역시 붓다의 제자가 되었다. 셋

붓다의 신화

째 동생 가야 깟사빠도 형들의 출가 소식을 듣고 자신의 제자 이백 명과 함께 붓다의 제자가 되었다. 순식간에 붓다의 승가는 엄청난 규모가 되었다. 육십 명의 제자들을 뿔뿔이 흩어 보냈던 붓다가 순식간에 1천 명의 승단을 이끌게 되었다.

가야산[象頭山]에서

붓다는 깨달음을 얻으면 설법해 주겠다고 했던 빔비사라왕과의 약속을 지키기 위해 라자가하로 길을 나서기로 했다. 우루웰라에서 라자가하로 가는 길에는 큰 산이 있는데, 그것이 바로 가야산이다. 가야산의 원어인 빠알리어 '가야시사(Gayāsīsa)'는 한자어로는 '상두산(象頭山)'이라 번역되었는데, 정상 부분이 코끼리 머리 모양을 닮았다고 해서 붙여진 이름이다.

붓다는 배화교에서 개종한 1천 명의 비구를 데리고 라자가하로 가고 있었다. 가야산을 넘어가다가 잠시 쉬던 중, 아래를 굽어보던 붓다가 한때 불을 숭배하던 제자들에게 필요한 것은 무엇일까 생각하다가 시를 읊듯이 말했다.

"온 세상이 불타고 있다."

불이라면 배화교도였던 깟사빠 삼 형제가 전공자가 아니던가. 맏형인 우루웰라 깟사빠가 붓다에게 합장하고 여쭈었다.

"온 세상이 불타고 있다니 무슨 말씀이신지요? 제 눈에는 불이 보이지 않습니다."

붓다는 미소를 지으며 말했다. 조계종 교육원에서 펴낸 『부처님의 생애』(조계종출판사, 2023)에 붓다의 말씀이 멋지게 재현되어 있다.

"온갖 망상이 부싯돌을 쳐 어리석음의 검은 연기가 피어오르고 있지 않느냐? 너희들 스스로를 잘 관찰해 보아라, 비구들이여! 모든 것이 타고 있다. 눈이 타오르고 있고, 눈에 비치는 형상이 타오르고 있고, 형상을 인식하는 생각도 타오르고 있고, 눈으로 보아 생기는 즐거움도 괴로움도 모두 타오르고 있다. 그렇게 타오르는 불은 곧 탐욕의 불, 성냄의 불, 어리석음의 불이다. 잘 보이지 않느냐? 탐욕의 불, 성냄의 불, 어리석음의 불로 인해 늙음의 불, 질병의 불, 죽음의 불, 걱정의 불, 슬픔의 불, 고통의 불, 번뇌의 불이 치솟고 있는 것이다. 그러한 불길이 귀에서도, 코에서도, 혀에서도, 몸에서도, 나아가 마음에서도 훨훨 타오르고 있다.

비구들이여, 이와 같이 관할 수 있는 비구는 눈에 대해서도, 눈으로 보는 빛깔과 형상에 대해서도, 눈과 대상에 대해서도, 그 접촉에서 생기는 즐겁고 괴로운 느낌에 대해서도 집착하지 않는다. 그들은 집착을 벗어나 마음의 해탈을 얻는다."

이 법문에 2천 년 후의 위대한 시인 엘리엇이 감동하였으니, 위대한 가르침은 참으로 오랜 생명력을 지닌 것이었다.

붓다의 신화

21

붓다는
왜 신통(神通)을
보였을까

전단향 발우 사건

신통력이란 일반적인 인간의 능력을 한참 뛰어넘은 특별한 능력이다. 붓다가 짧은 시간에 대규모의 교단을 구축할 수 있었던 것은 신통력에 힘입은 바 크다. 특히 천 명의 제자가 한꺼번에 귀의하게 된 우루웰라 깟사빠의 교화에는 붓다의 신통력이 결정적인 역할을 했다. 그런데 붓다는 어느 날 제자들이 신통력을 발휘하는 것을 금했다. 왜 그랬을까?

라자가하의 한 부자가 갠지스강에 물놀이를 갔다가 우연히 아주 귀한 붉은 전단향나무를 얻게 되었다. 그는 그 전단향나무로 발우를 만들었다. 참으로 고급스러운 발우를 보며 부자는 이 발우를 통해 진정으로 신통자재한 이가 누구인지 알아보아야겠다고 생각했다. 그는 키가 엄청나게 큰 대나무 꼭대기에 발우를 매달아 놓고는 널리 알렸다.

"진정으로 신통자재한 이가 날아올라서 저 발우를 가져가십시오."

이에 내로라하는 수행자들이 발우가 욕심나서라기보다는 신통력 1위를 빼앗길 수 없다는 생각에 부자의 집을 찾았다. 도덕부정론자 뿌라나 깟사빠(Purāṇa kassapa), 숙명론자 막칼리 고살라(Makkhali gosāla), 단멸론자이자 유물론자 아지따 께사깜발린(Ajita kesakambala), 불멸론자 빠꾸다 깟짜나(Pakudha kaccāna), 회의론자 산자야 벨랏티뿟따(Sañjaya belaṭṭhiputta)가 도전했으나 어림도 없었다. 다섯 명의 대가들이 발우를 갖는 데 실패했다는 소식을 들은 자이나교의 니간타 나따뿟따(Nigantha nātaputta)는 제자들에게 말했다.

"너희들은 그 부자에게 가서 '이 발우는 우리 스승을 위한 물건이오. 이런 하찮은 물건 하나를 위해 우리 스승이 공중으로 날아올라야겠소? 즉시 우리에게 넘기시오.'라고 말해라."

니간타의 제자들이 스승의 말을 부자에게 그대로 전하자 부자가 대답했다.

"직접 오셔서 발우를 내리신다면 발우 이상의 것을 드리겠습니다."

니간타 나타뿟따는 직접 가기로 하고 제자들에게 지시했다.

"내가 공중으로 날아오르는 것처럼 뛰어오를 테니 너희들은 나를 붙잡고 '아니 스승님, 그까짓 사소한 발우 하나를 위해 군중 앞에서 숨은 능력을 드러내야겠습니까?'라며 나를 바닥에 쓰러뜨리도록 해라."

니간타 나타뿟따는 부자의 집에 가서 작전대로 했으나 부자의 마음은 흔들리지 않았다.

"존자님, 직접 날아올라서 발우를 내리신다면 발우 이상을 드리겠습니다."

마하목갈라나(Mahāmoggallāna) 장로와 삔돌라 바라드와자 장로가 탁발을 나갔다가 사람들이 대화하는 소리를 들었다.

"친구들, 한 부자가 전단향 발우를 큰 대나무 꼭대기에 매달아 놓고는 세간에 도인 행세하는 사람들 중에서 자신 있으신 분이 날아올라 가서 발우를 가져가라고 했다는구만. 그런데 글쎄 아무도 성공하지 못했대. 그러고 보면 이 세상에 도인은 한 명도 없을지도 몰라."

목갈라나 존자는 붓다의 제자 중에서 신통제일이었고, 삔돌라 스님도 아라한이었다. 삔돌라 스님이 목갈라나 존자에게 말했다.

"존자시여, 신통제일이신 존자께서 발우를 가지시지요."

그러나 목갈라나 존자는 삔돌라 스님에게 권했다.

"삔돌라 스님, 스님이 아라한이시니 가지십시오."

삔돌라 스님은 즉시 4선정에 들어갔다 나오더니, 둘레가 3 요자나인 엄청나게 큰 바위를 가볍게 들어 올리고는 그 바위 위에 앉아 라자가하를 일곱 바퀴 돌았다. 엄청나게 큰 바위가 공중에서 구름처럼 움직이는 것을 본 사람들은 공포에 떨었다. 라자가하의 둘레가 3요자나였으니 사람들이 얼마나 놀랐을지는 짐작하고도 남는다.

"저 바위가 떨어지면 우리 도시엔 엄청난 재앙이야."

사람들은 안전한 곳에 몸을 숨기느라고 정신이 없었다. 삔돌라 스님이 바위를 제자리로 보내고는 사뿐히 내려오자, 부자가 발우를 내려와 네 가지 음식을 가득 담은 후 스님에게 올렸다.

이 소식이 붓다에게 전해지자 붓다가 삔돌라 스님을 꾸짖고는 대중들에게 말했다.

"비구들이여, 재가자들에게 신통을 보여 주어서는 안 된다. 재가자들에게 신통을 보여 주는 자는 계율을 범하는 것이다. 이 전단향 발우는 깨뜨려서 향으로 사용하도록 하여라. 앞으로 나무 발우를 사용하지 말라."

이렇게 붓다는 제자들에게 신통을 부리는 것을 금지했다. 그가 제자들에게 신통을 금지했다는 말을 들은 이교도들은 붓다의 교단을 제압할 좋은 기회라고 생각했다.

'제자들에게 신통을 금지했다면 고따마도 신통을 보이지 않을 것이다.'

이교도들은 다음과 같이 소문을 냈다.

"신통을 숨기는 것이 우리의 원칙입니다. 사문 고따마의 제자들은 하찮은 발우 하나를 얻으려고 군중에게 신통을 과시했습니다. 이제 우리는 사문 고따마와 신통을 겨룰 것입니다."

이 소문을 들은 빔비사라왕이 붓다에게 여쭈었다.

"부처님이시여, 부처님께서 제자들에게 신통을 보이는 것을 금하셨다고 들었는데, 사실입니까?"

"예, 사실입니다"

"이교도들은 부처님과 신통을 겨루겠다고 떠벌리고 다닌답니다."

"그렇다면 내가 신통을 보이겠습니다."

"부처님께서는 신통을 금하지 않으셨습니까?"

"제자들에게는 금했지만, 그것이 내게는 해당하지 않습니다. 비유를 들어 보겠습니다. 대왕이 신하들에게 대왕의 정원에 있는 과일을 따 먹지 말라고 했다고 합시다. 대왕은 그 과일을 드셔도 됩니까, 드시지 말아야 합니까?"

"저는 먹어도 됩니다."

"바로 그와 같습니다. 제가 제자들에게 신통을 금했지만, 저는 신통을 부릴 수 있습니다."

붓다는 음력 6월 보름날 사왓티(Sāvatthī)성 근처에서 신통을 보이겠다고 선언했다.

'간다의 망고나무' 아래서

붓다는 라자가하에서 탁발을 마치고 사왓티로 갔다. 많은 이교도들도 사왓티에 모여 대형 천막을 치고 지붕을 푸른 연꽃으로 장식하였다. 그들을 보던 꼬살라(Kosalā)국의 빠세나디(Pasenadi) 왕이 붓다에게 물었다.

"부처님이시여, 이교도들은 대형 천막을 쳤다고 합니다. 저희들이 부처님을 위해 대형 천막을 세워 드릴까요?"

"대왕이시여, 그럴 필요 없습니다. 인드라 신이 알아서 해 줄 겁니다."

"신통은 어디서 행하실 겁니까?"

"간다의 망고나무 아래서입니다."

이 말이 이교도들에게 들어갔다.

"사문 고따마가 간다의 망고나무 아래서 신통을 행한다고 하더라."

이교도들은 즉시 1요자나 둘레에 자라고 있는 모든 망고나무를 뽑아 버렸다.

음력 6월 보름날 왕의 정원사(庭園師)인 간다는 먹음직스럽게 잘 익은 망고 하나를 발견했다. 간다는 그 망고를 왕에게 바쳐야겠다고 생각하다가 왕보다는 붓다께 공양하는 것이 좋겠다고 생각한다.

'왕에게 바치면 몇 푼 용돈을 받겠지만, 부처님께 공양하면

세세생생 복덕이 될 것이다.'

붓다는 아난다(Ānanda)가 만들어 준 망고 주스를 맛있게 먹은 후 정원사 간다에게 말했다.

"여기에 이 망고 씨를 심어라."

붓다가 손을 씻으며 망고 씨를 심은 곳에 물을 뿌리자 망고 나무가 순식간에 솟아올랐다. 거의 보이지 않을 때까지 자라오른 나무의 줄기에서 사방으로 가지가 뻗어 나왔다. 곧이어 꽃이 피고 열매가 맺기 시작하더니 곧 나무에는 잘 익은 망고들이 주렁주렁 매달려 있었다. 이 나무는 정원사 간다가 심었다고 해서 '간다의 망고나무'라고 불렸다.

인드라 신은 붓다를 위해 도리천의 목수 윗사깜마를 시켜 대형 천막을 만들고 푸른 연꽃과 칠보로 장식했다. 붓다는 천막 안에 임시 거처를 정하고 보배 의자에 앉았다. 그러고는 공중에 보배 경행대를 만들어 한쪽 끝은 세계의 동쪽 가장자리에 걸치고 다른 쪽 끝은 세계의 서쪽 가장자리에 걸쳤다. 여러 나라에서 온 군중들로 주위가 가득 차자 붓다는 보배 경행대에 올랐다.

쌍신변[yamika-pāṭihāriya, 雙神變]의 신통을 보이다

붓다는 경행하면서 이른바 '쌍신변의 신통'을 보였다. 상반신에서 불이 나타나는가 하면 하반신에서 물이 흐르고, 하반신에서 불이 나타나는가 하면 상반신에서 물이 흐르게 했다. 오른쪽 눈에서 불이, 왼쪽 눈에서 물이 흐르다가, 반대로 왼쪽 눈에서 불이, 오른쪽 눈에서 물이 흐르게 했다. 열 손가락과 열 발가락에서 불이 나오고 손가락과 발가락 사이에서 물이 나오게 했다가, 반대로 손가락과 발가락 사이에서 불이 나오고 손가락과 발가락에서 물이 나오게 했다. 이렇게 몸의 모든 부위에서 물과 불이 교차하는 신비로운 모습을 연출했다. 몸의 각각의 부분에서는 푸른색, 노란색, 붉은색, 흰색, 분홍색 등 여섯 색깔의 광명이 쏟아져 나오게 했다.

쌍신변을 나투면서 사이사이에 군중들에게 설법하다가 당신과 똑같은 분신을 만들어 분신으로 하여금 질문하게 하고 대답하였다. 이 법문을 통해 군중들은 법에 대한 충분한 이해를 얻었다. 군중들이 법에 대한 충분한 이해를 얻었음을 확인한 붓다는 수미산 꼭대기의 도리천으로 갔다. 그곳에는 붓다를 위해 엄청나게 큰 홍옥 보좌가 놓여 있었다. 붓다가 홍옥 보좌에 결가부좌를 하고 앉자 그 큰 홍옥 보좌가 가득 찼다.

사왓티에서 신통을 보이다가 붓다가 사라지자 사람들은 어안이 벙벙했다. 군중들이 목갈라나 장로에게 묻자 장로는 직접 대답하지 않고 아누룻다(Anuruddha) 장로에게 물어보라고 했다. 천안제일 아누룻다가 말했다.

"부처님께서는 도리천의 홍옥 보좌에서 이번 안거를 보내

실 것입니다. 거기서 당신의 어머니 마야왕비에게 아비담마를 설하신 후 안거를 마치면 내려오실 것입니다."

붓다의 어머니가 도솔천에서 내려와 붓다의 오른쪽에 앉았다. 수많은 천신들이 붓다 주위에 몰려들었다. 이에 붓다가 아비담마를 설하기 시작했다.

"법에는 유익한 법과 해로운 법과 판단할 수 없는 법이 있다. (…)"

이렇게 붓다는 쉬지 않고 아비담마를 설했다. 탁발할 시간이 되면 분신을 창조해 탁발에서 돌아올 때까지 아비담마를 설하게 하고 당신은 히말라야로 갔다. 히말라야의 아노땃따 호수에서 이를 닦고 목욕을 한 후, 북구로주로 가서 탁발하고 다시 아노땃따 호숫가로 돌아와 공양하였다. 공양을 마치고 전단향 숲으로 가서 휴식을 취할 때 사리뿟따(Sāriputta) 장로가 붓다에게 왔다. 붓다는 사리뿟따에게 "오늘은 여기까지 설했느니라." 라며 아비담마의 요점을 말해 주었다.

신통의 위대함에도 불구하고

한편 붓다의 쌍신변 신통을 보고 군중 가운데 오백 명이 그 자리에서 출가하였다. 이 오백 명의 제자를 사리뿟따가 지도하였는데, 그는 제자들에게 붓다의 아비담마를 설했다. 그리하여 오백 명의 제자들은 사리뿟따와 더불어 아비담마의 일곱 가지 논장을 통달하게 되었다.

붓다의 아비담마 법문이 끝나자 8천억 명의 천신이 모두 법에 대해 이해하게 되었으며, 붓다의 어머니는 수다원과를 성취하였다.

해제날이 다가오자 대중들이 목갈라나 존자에게 물었다.

"부처님께서는 언제 어디로 내려오십니까?"

목갈라나는 수미산 꼭대기에 올라 붓다에게 여쭈었다.

"부처님이시여, 대중들이 부처님께서 언제 어디로 내려오실지 알고 싶어 합니다."

"목갈라나여, 사리뿟따는 어디에 있는가?"

"사리뿟따는 상깟사(Saṅkassa) 성문에 머무르고 있습니다."

"목갈라나여, 앞으로 일주일 후에 상깟사 성문으로 내려갈 것이다. 사왓티에서 상깟사까지 가는 군중들은 포살일에 법문들으러 갈 때처럼 음식을 먹지 않아도 된다."

해제날이 되자 인드라 신은 금, 다이아몬드, 은으로 세 개의 계단을 만들었다. 제일 아래 계단은 상깟사 성문에 놓이고, 제일 위 계단은 수미산 정상에 놓였다. 오른쪽은 인드라 신과 천신들이 사용할 금 계단이고, 왼쪽은 브라흐마 신과 그의 권속들이 사용할 은 계단이고, 가운데는 붓다가 사용할 다이아몬드 계단이었다. 천상에서 내려오는 붓다를 향해 사리뿟따 장로는 삼배를

붓다의 신화

올리고 나서 말씀드렸다.

"부처님이시여, 모든 범천과 천신과 재가자가 부처님을 예찬하며 스스로 붓다가 되기를 서원하고 있습니다."

붓다는 사리뿟따를 격려하고는 게송을 읊었다.

삼매와 통찰지를 닦은 현자는
해탈의 기쁨 속에 즐거워한다.
주의 깊게 알아차리며 바르게 깨달은 이를
천신들도 지극히 존경한다.

— 『법구경』 제181송

22

코로나를
물리친 붓다

2,500년 전 코로나를 물리치다

2019년부터 2022년까지 코로나19 바이러스의 광풍이 전 세계를 휩쓸었다. 백신이 개발되면 끝날 줄 알았는데, 백신이 개발된 것에 발맞추어 코로나도 스스로 변이를 개발하여 그 세력을 더욱 강고히 함으로써 긴 시간 지구인의 의식을 지배하였다.

붓다 재세시에도 코로나 같은 바이러스가 창궐한 적이 있었다. 지금처럼 사람들의 이동이 잦지 않았기 때문에 광범위하게 퍼지진 않았지만, 의학이 발달되지 않았던 시대인 만큼 전염병은 참으로 무서운 것이었다. 그 전염병을 붓다가 법력으로 가볍게 물리친 전설 같은 일이 있었다.

『보배경』을 보호의 방책으로 삼아 암송하여라

라자가하, 사왓티와 더불어 붓다와 인연이 깊은 도시 웨살리에 역병이 돈 적이 있었다. 심한 가뭄으로 먹을 것이 턱없이 부족한 가운데 역병이 돌기 시작하자 사람들이 맥없이 쓰러지기 시작했다. 미처 시체를 치우는 것도 어려울 정도로 죽어 가는 사람들이 많았다. 골목골목에서 시체가 썩어가는 냄새가 진동하자 사람들의 불행을 먹고 사는 악귀들이 들끓었다. 사태는 걷잡을 수 없이 커져서 정부에서도 속수무책이었다. 정치 지도자들이 모여서 대책을 의논한 결과 지금 라자가하에 머물고 있는 붓다를 모셔 오기로 했다.

웨살리에서 사절단이 오자 붓다는 기꺼이 웨살리로 가기로 한다. 생각해 보면 얼마나 위험천만한 일인가? 병자와 약간만 접촉해도, 같은 샘에서 물만 마셔도 감염될 수 있는 역병이 창궐하는 지역에 많은 비구들과 함께 간다는 것은 사지(死地)로 뛰어드는 것과 한가지였다. 그러나 붓다는 태연하게 길을 나섰다.

라자가하에서 웨살리까지는 약 180킬로미터 거리였다. 먼저 라자가하에서 갠지스강까지 도보로 약 100킬로미터, 갠지스강에서 배를 타고 웨살리의 영토에 도달하는 데 20킬로미터, 갠지스강을 건넌 후 다시 도보로 약 60킬로미터를 걷는 거리였다. 사람들은 붓다가 길을 편안하게 걸을 수 있도록 거친 풀을 뽑고 흰모래를 뿌렸다. 붓다가 거룻배를 타고 가는 동안 물속에서 용왕들이 올라와 붓다에게 예를 올렸다. 거룻배에서 붓다와 비구 일행이 내리자마자 먹구름이 하늘을 뒤덮더니 천둥과 번개를 동반한 세찬 소나기가 쏟아지기 시작했다. 폭우는 웨살리 곳곳에 널려 있는 많은 쓰레기와 시체들을 빠르게 흘러가는 강물 속으로 밀어 넣었다.

붓다가 웨살리에 도착하자 비가 그친 도시의 거리는 깨끗해져 있었다. 천신들이 천상에서 내려와 붓다에게 예를 올리고 꽃가루를 뿌려 공양했다. 강력한 천신들이 내려오자 몇몇 악귀들은 슬금슬금 뒷걸음쳐 사라졌다. 붓다가 아난다에게 말했다.

"아난다여, 내가 너에게 『보배경(Ratana-sutta)』을 설할 테니, 그대와 비구들은 이 경을 보호의 방책으로 삼아 거리 곳곳을 돌면서 암송하여라."

아난다와 비구들은 발우에 물을 가득 채워 거리 곳곳에 뿌리면서 『보배경』을 암송하였다. 아직 거리 곳곳에는 쓰레기 더미와 담벼락을 은신처로 삼은 악귀들이 남아 있었다. 그들은 『보배경』을 듣자 마치 장풍을 맞은 것처럼 놀라면서 황급히 도망쳤다.

아난다와 비구들이 물을 뿌리면서 『보배경』을 암송하고 거리를 돈 지 칠 일이 되자 웨살리에서 역병은 완전히 사라지고 평화가 찾아왔다. 물을 뿌린 것은 먼지를 가라앉히고 나쁜 공기를 정화시키는 효과가 있었고, 『보배경』 암송은 악귀를 물리치

붓다의 신화

는 효과가 있었다.

모든 살아 있는 것들이여, 행복하라

웨살리 시민들은 붓다와 비구들에게 감사의 뜻을 표하기 위해
법회를 열었다. 그들은 도시 중앙에 있는 공회당을 법회 장소로
지정하고 장식했다. 깃발을 달아서 법회가 있음을 알리고, 마당
에는 대형 일산을 여러 개 설치하여 그늘을 만들었다. 사람들은
물론이고 천신들까지 강당으로 모여들었다. 붓다는 많은 대중
들 앞에서 『보배경』을 설했다.

이 세상과 저 세상의 그 어떤 부라 할지라도,
천상의 뛰어난 보배라 할지라도,
우리들의 완전한 스승에게 견줄 만한 것은 없습니다.
이 뛰어난 보배는 눈뜬 사람 안에 있습니다.
이 진리에 의해서 행복하기를. (…)

『보배경』의 내용은 깨달은 이 붓다, 붓다의 가르침, 붓다의 가르
침을 지키고 전하는 승가를 찬양하는 것이었다. 이 법문을 들은
대중들은 모두 삼보에 대한 믿음을 굳건히 하였을 뿐만 아니라
사성제를 확고하게 깨달았다. 법회에 함께한 인드라 신은 이렇

게 생각했다.

'여래께서는 삼보의 가치에 대한 법문을 베푸시어 웨살리 시민뿐만 아니라 우리 천신들에게도 행복과 번영을 가져다주셨다. 나 또한 웨살리 시민들의 행복을 위해 삼보의 공덕에 대한 진실을 말해야겠다.'

인드라 신은 자리에서 일어나 게송을 읊기 시작했다.

> 모든 살아 있는 것들이여, 지상에 사는 것이건 공중에 사는 것이건, 신과 인간이 다 같이 섬기는 완성된 눈뜬 사람에게 예배합시다. 행복하기를.
>
> 모든 살아 있는 것들이여, 지상에 사는 것이건 공중에 사는 것이건, 신과 인간이 다 같이 섬기는 완성된 진리에 예배합시다. 행복하기를.
>
> 모든 살아 있는 것들이여, 지상에 사는 것이건 공중에 사는 것이건, 신과 인간이 다 같이 섬기는 완성된 승단에 예배합시다. 행복하기를.

게송을 다 읊은 인드라 신은 붓다를 세바퀴 돌면서 예를 표하고는 천상의 존재들과 함께 하늘나라로 떠났다. 그리하여 우리가 독송하는 『보배경』에는 붓다의 설법 내용과 더불어 인드라 신의 게송이 덧붙여졌다.

보살행을 동반한 수행이어야 한다

이렇게 웨살리의 역병을 물리친 붓다는 다시 길을 떠나 라자가하로 돌아왔다. 다음날 비구들은 한자리에 모여 웨살리를 여행하면서 보았던 여러 일화에 대해 즐겁게 얘기하고 있었다. 비구들은 웨살리의 역병을 물리친 것은 모두 붓다의 위신력 덕분이라고 찬탄했다. 붓다가 말했다.

"비구들이여, 여래가 이번에 역병을 물리친 것은 붓다의 위신력 덕분이 아니라 과거 보살 시절에 지었던 공덕의 결과이니라."

붓다는 '상카'라는 바라문이 지은 공덕에 대해 얘기했다. 한때 딱까실라(Takkasilā, 오늘날의 파키스탄 북부 지방 탁실라)에 상카라는 바라문이 살고 있었다. 그에게는 '수시마'라는 이름의 아들이 있었는데, 수시마가 열여섯 살이 되자 상카는 아들을 와라나시의 친구에게 보냈다. 상카가 아들의 교육을 의뢰한 와라나시의 친구는 뛰어난 점성학자이자 종교와 철학에 해박한 바라문이었다.

수시마는 와라나시에 가서 몇 해 동안 열심히 공부하여 스승이 아는 모든 지식을 배웠다. 그는 그것으로 만족하지 못하고 스승에게 다른 스승을 천거해 주십사고 부탁했다. 그러자 스승은 그에게 이시빠따나에 사는 벽지불(辟支佛)을 소개해 주었다. 이시빠따나의 벽지불은 수시마에게 출가사문이 될 것을 청했고, 출가사문이 된 수시마에게 청정한 계행을 지키게 했다. 수시마는 곧 벽지불이 되었지만, 과거의 악업으로 인해 젊은 나이에 죽었다.

시간이 꽤 흐른 후 아들의 소식을 수소문한 아버지 상카는 벽지불이 된 아들이 얼마 전에 반열반했다는 것을 알고 그의 사리가 안치된 곳을 찾았다. 그는 사리 안치소의 풀을 깨끗이 제거하고, 흰모래를 뿌리고, 먼지가 일어나지 않도록 주위에 물을 뿌렸다. 또한 많은 야생화들을 구해서 사리 안치소에 공양하고, 아들의 덕을 기리기 위해 수건을 깃대에 꽂아 장식하였으며, 양산을 안치소 위에 높게 설치한 후 단단하게 묶었다.

"비구들이여, 바라문 상카가 바로 오늘의 나다. 상카가 풀을 제거하고 흰모래를 뿌리는 등 벽지불의 사리 안치소를 깨끗이 정리한 공덕으로 사람들이 웨살리로 가는 길을 깨끗하게 정리해 준 것이다. 상카가 사리 안치소에 야생화를 공양한 공덕으로 사람들이 내가 가는 길에 꽃을 뿌려 준 것이며, 물을 뿌려서 먼지가 일어나지 않게 한 공덕으로 웨살리에 도착하자마자 소나기가 내려서 도시를 깨끗하게 해 준 것이다. 상카가 사리 안치소에 깃발을 세우고 양산을 설치한 공덕으로 내가 설법하는 장소에 깃발이 세워지고 대형 일산이 설치되어 그늘이 만들어진 것이다. 이번 웨살리의 재앙을 물리친 것은 실은 내가 전생에 지은 선행으로부터 비롯된 결과일 뿐이니라."

이 이야기를 들은 대중들은 모두 수다원 이상의 성자의 경지를 성취했다. 붓다는 이렇게 역병을 물리치는 혁혁한 성과를

붓다의 신화

거두었으면서도, 그것이 당신의 특별한 능력에 따른 결과가 아니라 단지 전생에 쌓아 놓은 공덕의 열매라고 말한다. 이는 선업을 쌓는 것이 얼마나 중요한 것인지를 말해 주는 것으로, 자신의 깨달음만을 위한 이기주의적인 수행이 아닌 보살행을 동반한 수행을 강조한 것으로도 볼 수 있다.

아름다운 선행이 재앙을 물리치는 힘

붓다가 『보배경』 암송을 통해 역병을 물리쳤던 것처럼 초기 경전 중 위험을 벗어나기 위해 독송하는 경을 보호경[paritta, 保護經]이라고 한다. 『보배경』, 『자애경(Metta-sutta)』, 『대길상경(Mahāmangala-sutta)』 등이 대표적인 보호경이다. 이 경들은 모두 붓다가 설한 가르침인데, 이 경들을 암송하면 암송하는 자나 그것을 듣는 자가 모두 위험으로부터 보호받고 위험에서 벗어날 수 있다고 한다.

그런 점에서 보호경은 다라니(dhāranī)의 기원이라고 할 수 있다. 다라니는 붓다의 가르침, 불보살을 향한 염원 등을 함축한 게송으로, 대승 불교와 밀교에서 다라니 독송을 중요한 기도 방법이자 수행법으로 삼았다. 그 기원을 바라문들의 의식에 해당하는 베다 암송에서 찾을 수도 있겠지만, 불교 내에서는 보호경 암송에서 찾을 수 있다.

『천수천안관세음보살광대원만무애대비심다라니경』(이하 『다라니경』)에 따르면, 다라니 독송에는 다음 열 가지 이익이 있다.

①모든 중생이 안락을 얻는다. ②모든 병이 낫는다. ③오래산다. ④부자가 된다. ⑤모든 악업과 중죄를 소멸시킨다. ⑥장애와 어려움을 여의게 된다. ⑦모든 선행과 공덕을 더욱 많이 짓게된다. ⑧모든 선근을 성취하게 된다. ⑨모든 두려움을 여의게 된다. ⑩모든 구하는 바를 속히 이루게 된다 등이 그것이다. 이 열가지는 복을 구하는 사람들이 원하는 거의 모든 것이라고 해도과언이 아니다.

『다라니경』이 제시하는 다라니 독송의 공덕에 따르면, 다라니 독송을 통해 코로나도 쉽게 극복되어야 한다. 그러나 다라니독송만으로 문제가 해결되지 않는다는 사실은 붓다가 웨살리역병을 물리친 이야기를 통해서도 분명해진다. 붓다 스스로 보호경 독송이나 당신의 위신력 덕분이라기보다는 당신이 과거에지은 공덕 덕분이라고 말한다. 즉, 다라니 독송 등의 기도만으로문제를 해결할 수는 없다는 것이다.

그럼에도 웨살리의 역병을 물리치는 데 『보배경』 독송이 중요한 역할을 했음은 부인할 수 없다. 웨살리 재앙에는 사람들의굶주림과 불행, 고통스런 신음 소리를 먹고 사는 악귀들의 창궐도 큰 비중이었던 만큼, 악귀들이 가장 싫어하는 붓다와 붓다의가르침, 승가를 찬양하는 『보배경』의 낭랑한 암송 소리는 결정적이었던 것이다.

다라니를 해석해 보면 다라니의 대부분은 붓다와 붓다의 가르침, 보살의 공덕에 대한 찬양임을 알 수 있다. 다라니 독송도 보호경 독송과 마찬가지로 우리의 불행을 먹고 사는 악귀들을 물리치는 역할을 한다는 것을 충분히 확신할 수 있다.

그러나 우리의 아름다운 선행이 재앙과 불행을 물리치는 가장 강력한 힘임을 명심하자. 보호경과 다라니의 공능이 극대화되기 위해서는 보호경과 다라니를 암송하고 설하는 이의 공덕이 충분히 저축되어야 한다. 다라니나 보호경 독송만으로 복을 받거나 문제를 해결하려고 하지 말고, 열심히 공덕을 저축하면서 다라니와 보호경 독송을 병행하도록 하자.

23

붓다 시대의
부동산 스캔들

사왓티에서 특별한 재판이 열리다

사왓티에서 희한한 재판이 열렸다. 소송을 건 이는 사왓티 최고
의 거부인 수닷따(Sudatta) 장자(長者)였고, 상대는 꼬살라국 빠세
나디왕의 아들 제따(Jeta) 태자였다. 소송 내용은 제따 태자가 수
닷따 장자에게 나중에 기원정사(祇園精舍)가 될 땅을 팔겠다고
해 놓고 이를 이행하지 않는다는 것이었다. 꼬살라국의 수도에
서 곧 왕이 될 이가 절대 팔지 않겠다는 땅을 장자가 기어코 매
입하겠다는 것도 기묘한 일이었고, 그 땅을 빈틈없이 황금으로
덮겠다는 조건이 달렸다는 것도 황당한 일이었다. 재판관이 장
자에게 물었다.

"장자시여, 당신은 도대체 그 땅을 무엇에 쓰려고 그렇게 엄청난 대가를 치러가며 매입하려 하는 것이오?"

"존경하는 재판관님, 저는 그 땅을 매입하여 역사상 가장 위대한 분인 부처님께 공양할 생각입니다."

"부처님은 어떤 분입니까?"

"세상 모든 이를 행복하고 안온하게 해 줄 참된 가르침을 펼치고 계시는 분입니다."

"태자님께 여쭙겠습니다. 태자님은 그 땅을 어떻게 활용하실 생각입니까?"

"글쎄, 아직 생각해 보지 않았소만… 아무튼 나는 그 땅을 팔겠다고 한 적이 없소."

재판관은 장자의 편을 들어주었다.

"장자는 그 땅을 간절하게 필요로 하고, 더욱이 개인적인 소유물을 늘리기 위한 것이 아니라 위대한 성인에게 기증하기 위한 것이라고 합니다. 태자께서 양보하시는 것이 좋겠습니다."

사왓티의 특이한 재판은 이렇게 마무리되었지만, 이 재판으로 인해 붓다의 교화는 새로운 역사를 맞이하게 되었다. 이렇게 해서 탄생한 것이 제따와나(Jetavana), 한역경에 기원정사 또는 기수급고독원(祇樹給孤獨園)으로 번역된 승원이다. '기수'는 제따 태자를 말하고 '급고독'은 수닷따 장자이니, '기수급고독원'은 이 땅과 관련된 두 사람이 한꺼번에 표현된 이름이다.

고독한 이를 돌보는 수닷따 장자

위대한 업적을 남긴 영웅에게는 여러 가지 면에서 충실한 후원자가 있게 마련이다. 인도의 서사시 『마하바라타』의 영웅 아르주나에게는 크리슈나가 있었고, 또 다른 서사시 『라마야나』의 영웅 라마에게는 원숭이의 왕 수그리바가 있었고, 예수에게는 갈릴리에서 온 두 명의 마리아가 있었으며, 한글을 창제한 세종대왕에게는 신미 대사가 있었고, 임진왜란 때 나라를 구한 이순신에게는 류성룡이 있었다. 붓다를 후원한 이는 너무도 많아 일일이 열거하기 힘들지만, 대표적인 이를 뽑으라면 죽림정사를 보시한 마가다국의 빔비사라왕과 기원정사를 보시한 수닷따 장자를 들 수 있겠다.

수닷따 장자는 늘 고독한 사람들을 돌봐 주었기 때문에 '고독한 이를 돕는다.'라는 뜻의 아나타삔디까[Anāthapiṇḍika, 給孤獨]라는 별명으로 불렸다. 그의 직업은 오늘날의 용어로 말하면 무역업이었다. 그는 여러 나라를 돌면서 이 나라의 특산물을 다른 나라에 가서 팔고, 또 그 나라의 특산물을 자신의 나라에 가져와서 판매함으로써 큰 이익을 남겼다. 이렇게 무역업이나 상업을 통해 부를 축적한 이들을 '장자[seṭṭhin, 長者]'라고 불렀다. 여러 나라를 여행하다 보니 장자들은 정보가 빨랐다. 정보가 빠른 장자들은 붓다의 명성을 먼저 듣게 되었고, 그들은 붓다에게 귀의하여 든든한 후원자가 되었다.

어둠을 뚫고 붓다를 만나다

수닷따는 자신과 똑같은 일을 하는 라자가하의 대부호와 친밀하게 지냈는데, 서로의 누이와 혼인하여 겹사돈이 됨으로써 더욱 가까워졌다. 그는 라자가하에 가면 항상 처남의 집에 머물렀다.

붓다가 라자가하에서 두 번째 안거에 들어갔을 때 수닷따 장자가 오백 대의 수레에 물건을 잔뜩 싣고 라자가하를 찾았다. 여느 때 같으면 처남이 동구 밖까지 나와서 환대하곤 했는데, 그 날따라 마을 입구에는 처남은커녕 마중 나온 하인 한 명도 보이지 않았다. 집안에 들어서니 온 집안 식구들과 하인들이 분주하게 움직이고 있었다.

"처남, 무슨 잔치라도 있는가?"

"내일 부처님과 부처님의 제자들에게 대중공양을 하기로 했습니다. 그래서 온 집안 식구들이 이렇게 분주합니다."

'부처님'이란 말을 듣자마자 수닷따는 갑자기 온몸과 마음에 희열이 일어났다. 그는 마음을 가라앉히고 물었다.

"부처님이란 어떤 분이기에 온 식구가 그분을 위해 이토록 분주한가?"

"그분은 우리 모두가 진정으로 행복해지는 길을 가르치시는 분입니다. 형님도 내일 그분의 가르침을 들으시지요."

"아닐세, 지금 당장 뵈러 가고 싶네. 그분은 어디 계시는가?"

"아닙니다, 형님! 그분은 사람들이 시체를 버리는 시따와나

(Sītavana)에 계십니다. 어두워지면 위험하니 내일 날이 밝거든 가십시오."

수닷따는 잠자리에 누웠지만, 붓다를 생각하다 보면 희열이 생겨났고 엄청나게 밝은 빛이 눈앞에 나타났다. 이제 날이 밝았는가 싶어서 일어나 보면 여전히 어두운 밤이었다. 아직 어두운 새벽에 또 희열이 일어났고, 엄청나게 밝은 빛이 눈앞에 나타났다. 수닷따는 일어나서 밖으로 나갔다. 그 당시에는 어두워지면 도시 외곽의 성문을 닫게 되어 있었는데 수닷따가 성문 가까이 오자 천신들이 문을 소리 없이 열어 주었다.

성문을 나서자 수닷따에게 두려움이 밀려오기 시작했다. 두려움이 밀려오자 몸에서 뿜어져 나오던 빛도 사라져서 사방이 칠흑같이 어두워졌다. 몇 걸음 걷다가 시체에 발이 걸려 넘어졌다. 두려움에 사로잡힌 수닷따는 한 걸음도 디딜 수가 없었다. 이때 부드러운 천신의 음성이 들렸다.

"장자여, 10만 마리 코끼리의 행렬도, 10만 마리 말의 질주도, 10만 대 마차의 행진도 부처님을 향한 그대의 한 걸음의 가치에 비하면 256분의 1에도 미치지 못하오. 어서 나아가시오."

'아, 내가 부처님을 만나는 것을 돕는 천신이 있구나!' 하는 생각이 드는 순간 수닷따는 다시 용기를 내었다. 그가 씩씩하게 앞으로 나아가자 어둠이 서서히 걷히고 저 멀리 붓다가 경행하고 있는 모습이 보였다. 수닷따는 천천히 걸어가면서 생각했다.

붓다의 신화

'진정 우리 모두를 행복하게 해 줄 분임을 어떻게 알아본단 말인가? 나의 이름은 수닷따이지만, 사람들은 모두 아나타삔디까라고 부르고 있다. 만약 이분이 진정 위대한 부처님이시라면 나를 수닷따라고 부를 것이다.'

붓다는 수닷따가 올 것을 미리 알고 있었다. 수닷따가 가까이 다가오자 말했다.

"사랑하는 수닷따여, 어서 오시오."

수닷따는 이분이 자신의 마음을 이미 알고 있는 진정 위대한 붓다임을 가슴 깊이 느끼며 정성을 다해 예배했다. 붓다는 수닷따에게 보시의 공덕을 짓고, 계행을 지키면 천상에 태어난다는 차제설법을 먼저 설했다. 장자의 마음이 지극히 평온해지자 붓다는 사성제를 설했고, 수닷따는 사성제의 가르침을 듣고 바로 수다원과를 성취했다. 그는 붓다에게 삼귀의를 다짐하면서 말했다.

"부처님이시여, 오늘부터 저는 목숨이 다하는 날까지 부처님과 부처님의 가르침과 승가에 귀의하겠습니다. 부처님과 부처님의 제자들이 부디 사왓티에 오셔서 안거를 보내시기를 간절히 청하옵니다."

수닷따는 사왓티에 붓다와 붓다의 제자들이 안거를 보낼 수 있는 승원을 만들어야겠다고 생각했다. 그는 붓다와 제자들이 머물 승원은 마을에서 너무 멀지고 가깝지도 않아서 왕래하기 좋은 곳이어야 하고, 마을 사람들이 접근하기 쉽게 길이 연결되어 있어야 하고, 수행에 전념할 수 있도록 소음이 없는 한적한 곳이어야 한다고 생각했다.

붓다의 두 번째 승원, 제따와나

사왓티로 돌아온 수닷따는 승원을 짓기에 적당한 장소를 물색했다. 사왓티 전체를 샅샅이 조사한 수닷따는 사왓티성에서 얼마 떨어져 있지 않은, 꼬살라국 빠세나디왕의 아들 제따 태자 소유의 동산이 최적이라고 판단했다. 수닷따는 태자를 찾아가 말했다.

"태자시여, 그 동산을 저에게 파십시오. 부처님의 승원을 만들 생각입니다."

태자는 절대로 팔지 않겠다고 말했으나 장자는 끊임없이 졸랐다.

"다시 한번 생각해 보십시오. 당신의 동산이 위대한 부처님의 수행처가 된다면 참으로 보람 있는 일이 아닙니까?"

"허어, 이보시오, 장자! 나는 당신이 그 동산 전체를 황금으로 깐다 해도 팔지 않을 것이오."

태자의 말을 들은 장자는 바로 이 말에 해결의 실마리가 있음을 발견했다.

"감사합니다, 태자시여! 그렇다면 제가 동산 전체를 황금으로 깔겠습니다. 방금 금액을 말씀하셨으니, 이제 그 동산은 저에게 파신 겁니다."

"무슨 소리요? 그런 억지가 어디 있소? 나는 절대로 팔지 않을 것이오."

결국 두 사람의 공방은 법정으로 가게 되었고, 법정은 장자의 손을 들어 주었다. 재판에서 이긴 수닷따는 수십 대의 마차에 황금을 싣고 와서 동산에 깔기 시작했다. 참으로 기묘한 장면이었다. 『대불전경』에 따르면 연못이나 큰나무가 있어 황금을 깔기 힘든 곳이 있으면, 그 분량만큼 다른 곳에 황금을 깔았다고 한다. 그렇게 해서 장자가 비상시에 쓰려고 저축해 두었던 1억 8천만 냥의 금을 그곳에 모두 소비했다. 그런데 출입문에 해당하는 홍예문(虹霓門)을 만들 장소를 금으로 덮지 못했다. 장자가 수하에게 말했다.

"저 홍예문 자리를 덮을 만한 금을 구해 오너라."

이 소식을 들은 제따 태자가 장자에게 전했다.

"당신이 모시려는 부처님이 정말 대단한 분이신가 보오. 홍예문은 내가 만들어 드릴 테니 거기는 남겨 두시오."

부지를 구입하는 데 1억 8천만 냥의 금을 소비한 수닷따 장자는 웅장한 승원을 건설하는 데 다시 1억 8천만 냥의 금을 썼다. 붓다가 거처할 곳은 늘 향기가 날 수 있도록 하여, 그곳의 이름은 '향기 나는 집'이라는 의미의 간다꾸띠(gandhakuṭi)가 되었다. 간다꾸띠 근처에는 비구들이 거처할 수 있도록 방과 편의 시설을 갖추었다. 장자는 붓다의 거처 옆에 비가 와도 사용할 수 있도록 지붕이 있는 경행로를 만들고 우물, 연못, 세탁소까지, 그야말로 비구들이 그곳에서 부족함 없이 생활할 수 있도록 세심하게 살폈다. 이렇게 세심하게 지어졌기 때문일까? 붓다는 제따와나에서 무려 열아홉 번의 안거를 보내게 된다.

전설에 따르면, 이 세상에 온 붓다들이 모두 사용한 공통적인 장소가 있다고 한다. 첫째, 붓다가 깨달음을 이루게 되는 보리수 아래의 금강 보좌. 둘째, 첫 설법을 하게 되는 초전법륜지. 셋째, 도리천에서 아비담마를 설한 후 인간 세상으로 내려올 때 붓다의 오른발이 첫 번째로 내딛는 상깟사 성문. 넷째, 제따와나의 간다꾸띠 침상 등이라고 한다.

흐뭇한 미소를 자아내는 부동산 스캔들

승원 건축은 마무리되었지만, 모든 일이 끝난 것은 아니었다. 붓다와 제자들이 실제로 승원에 와서 거주해야만 불사가 비로소 완성되는 것이었다. 수닷따 장자는 이를 위해서도 철저하게 준비했다.

수닷따는 빠세나디왕에게 부탁하여 공주 수마나와 오백 명

붓다의 신화

의 수행원들이 물과 향과 꽃으로 채워진 항아리를 하나씩 들고 붓다와 제자들을 환영하게 했으며, 자신의 아들과 장자들의 아들들로 구성된 오백 명의 청년들로 하여금 붓다를 안내하도록 했다. 또한 자신의 두 딸 마하수밧다와 출라수밧다를 비롯하여 장자들의 딸 오백 명이 깨끗한 물이 담긴 항아리를 들고 함께했으며, 아내 뿐날 락카나를 비롯한 부호의 아내 오백 명이 여러 가지 공양물이 담긴 그릇을 들고 환영했다.

사람들에게는 보이지 않았지만, 하늘나라의 주요 천신들이 사왓티에 집결하여 붓다의 사왓티 입성을 지켜보고 있었다. 그야말로 대대적인 환영 인파가 모인 가운데 붓다와 제자들은 사왓티에 입성하였다. 붓다의 뜻에 따라 수닷따 장자는 붓다와 제자들에게 승원 봉헌의 뜻을 밝혔다.

"거룩하신 부처님이시여. 부처님과 부처님의 가르침, 그리고 이곳으로 이미 와 계시거나, 지금 오시는 중이거나, 앞으로 오실 모든 비구들에게 이 승원을 봉헌합니다."

붓다는 감사의 마음과 축복을 담아 긴 법문을 설했다.

"이 승원은 승단을 보호하는 충분한 조건을 제공합니다. 겨울철의 추위와 기후의 이상 변화에서 오는 추위, 들과 숲에서 발생한 불이 일으키는 열기, 사자·표범·호랑이 같은 맹수들의 위협, 뱀·전갈 같은 기어다니는 동물들의 위험, 삼매를 흩어 놓는 각다귀·모기·파리 등이 주는 불편함으로부터 보호해 줄 것입니다. 그리하여 이 승원은 비구들로 하여금 정신적인 혼란과 위험 없이 안락하게 살게 해 주며, 선정과 지혜를 닦는 데 큰 도움을 줄 것입니다."

이렇게 사왓티 최고의 부동산 스캔들은 아름답게 정리되었다. 아름다운 보시를 위한 다툼에 '스캔들'이란 단어를 쓴 것이 송구하지만, 그만큼 이 사건은 사왓티뿐만 아니라 주위의 여러 나라에 화제를 뿌린 흥미진진한 뉴스거리였다. 오늘날의 부동산 스캔들이 대부분 개인이 과다한 이익을 착복하는 것에 기인하는 반면, 붓다 시대의 부동산 스캔들은 붓다를 위한 보시행에서 비롯되었다는 점에서 그 소식을 전해 듣는 마음은 흐뭇하기 그지없다.

제따와나 승원의 유적
수닷따 장자가 황금을 깔아서 만들었다고 전해지는 제따와나 유적.

24

연쇄 살인범도
구원받을 수 있을까

역대급 사이코패스의 등장

붓다의 제자 중에 가장 슬프고 안타까우면서도 특이한 인물을
꼽으라면 나는 주저 없이 앙굴리말라(Aṅgulimāla)를 택할 것이
다. 앙굴리말라 하면 9시 뉴스를 뜨겁게 달구었던 우리 사회의
아프고 안타깝고 감추고 싶은 내면을 담고 있는 연쇄 살인범의
얼굴이 겹친다. 그런데 앙굴리말라는 최고의 성자인 아라한이
되었다. '손가락(앙굴리) 목걸이(말라)'라는 이름만 들어도 섬찟해
지는 인물이 최고의 성자인 아라한이 되었다니, 참으로 희유한
일이 아닐 수 없다.

앙굴리말라는 어떤 인물이기에 희대의 살인마가 되었고, 살

인마가 어떻게 최고의 성자가 되었을까? 『맛지마 니까야』의 「앙굴리말라 경(Aṅgulimāla-sutta)」, 『증일아함경(增一阿含經)』의 「역품(力品) 6」, 『잡아함경(雜阿含經)』의 「적경(賊經)」, 『법구경』 제173송 배경 이야기를 토대로 앙굴리말라의 신화 속으로 들어가 본다.

무엇이 모범생을 살인마로 만들었을까

꼬살라국의 궁중 제사장인 바라문 각가(Gagga)와 부인 만따니(Mantāṇī)에게는 아주 총명한 아들 아힘사까(Ahiṃsaka)가 있었다. 그가 태어난 날 밤 도시의 모든 무기들이 빛을 발하였다고 하는데, 그의 부모는 무력을 사용하지 말라는 의미로 생각하고 '비폭력'이라는 뜻의 이름을 주었다. 그 이름과는 정반대로 가장 폭력적인 살인마가 되었으니 참 아이러니한 일이다.

아힘사까의 아버지는 아들을 교육시키기 위해 간다라 지방의 딱까실라에 사는 친구에게 보냈다. 아힘사까는 워낙 총명하여 스승에게 두터운 총애를 받았다. 그의 실력은 동료들이 전혀 따라올 수 없었고, 스승의 경지를 거의 넘어서고 있었다.

스승의 부인은 남편에 비해 젊은 나이였는데, 젊고 잘생긴 아힘사까를 홀로 사모하였다. 어느 날 스승이 먼 곳으로 여행을 가게 되었고 그때 스승의 부인은 아힘사까를 유혹하였다.

"나는 오래전부터 너를 사랑하였다. 이 가련한 여인을 위해 자비심을 베풀어 주지 않으련."

부인이 아힘사까에게 자신을 안아 줄 것을 요청했지만, 의리 있는 아힘사까는 단호하게 거절했다. 이에 부인은 아힘사까에게 앙심을 품게 되었다. 며칠 후 스승이 돌아오고 있다는 소식을 들은 부인은 자신의 옷매무시를 흐트려 놓고는 옷 여기저기를 찢어 놓았다. 스승이 돌아와서 어찌 그런 모습을 하고 있느냐고 묻자, 부인은 흐느껴 울면서 대답했다.

"아힘사까가 저를 강제로 범하려 했습니다."

도저히 믿기지 않았던 스승은 아힘사까의 동료들에게 물어보았다. 평소 아힘사까를 시기하고 있던 동료들의 대답은 아힘사까에게 더욱 가혹했다.

"사모님과 아힘사까가 정을 통한다는 소문이 있습니다."

스승은 분노가 치밀어 올랐지만, 애써 태연한 표정을 지었다. '괘씸한 아힘사까를 반드시 파멸시켜야겠다.'라고 생각한 스승은 아힘사까를 조용히 불렀다.

"네게 가르칠 것은 모두 가르쳤다. 이제 한 가지 비술만 전수해 주면 너는 완벽한 바라문이 될 것이다. 마지막 과제만 통과하면 그 비술을 전수해 주마. 과제가 꽤 어려운데 해낼 수 있겠느냐?"

"스승께서 명하시는 것은 어떤 것이든 해내겠습니다."

"너는 지금부터 사람을 죽인 후 오른손 엄지손가락을 잘라 실에 꿰어서 목걸이를 만들어라. 손가락이 천 개가 되면 내게 다시 오너라. 그러면 비술을 가르쳐 주마."

"스승님, 참으로 어려운 과제이지만 존경하는 스승님의 분부이니 무조건 따르겠습니다. 깊은 뜻이 있으리라 믿습니다."

여기서 우리는 잠시 아힘사까가 살인마가 된 것이 스승의 비술을 얻기 위한 욕망 때문인지, 또는 다른 문헌에서처럼 범천에 태어나고 싶은 욕망 때문인지, 그렇지 않으면 스승에 대한 무조건적인 믿음 때문이었는지 생각해 볼 필요가 있다. 나는 스승에 대한 무조건적인 믿음 때문이었다고 생각한다. 옳지 않은 것까지 무조건 믿는 것은 어리석지만, 그 믿음으로 인해 파멸한 사람은 많다. 우리는 아무리 위대하다고 정평이 난 스승의 가르침일지라도 무조건 옳은 것은 아니라는 붓다의 가르침을 상기할 필요가 있다.

신출귀몰한 '인간 사냥'

아힘사까는 딱까실라에서 제법 먼 거리를 이동하여 사왓티의 잘리니(Jālinī) 숲에서 인간 사냥을 하기 시작했다. 그의 살인 방식은 보이지 않는 곳에 매복해 있다가 사람들이 몰려오면 순식간에 덮치는 것이었다. 스승에 대한 굳은 신심에 탁월한 용맹성이 가미된 아힘사까의 몸놀림은 재빠르기 그지없었다. 그의 활과 칼은 10명, 20명, 30명, 40명의 사람들의 목숨을 단숨에 앗아갔다. 죽은 사람들의 손가락을 잘라서 실에 꿰는 것도 번개같이 빨랐다. 손가락을 꿰어 목에 걸고 다니자 사람들은 그를 '앙굴리말라'라고 불렀다.

아힘사까는 어느새 손가락을 999개나 확보하여 목에 걸고 다녔다. 이제 손가락 하나만 얻으면 마침내 스승의 비술을 얻을 것이었다. 사람들을 죽여서 손가락을 잘라 간다는 살인마가 자신의 아들이라는 소식을 들은 아힘사까의 어머니는 울부짖으며 아들을 찾아 길을 나섰다. 이를 알게 된 붓다는 어머니보다 먼저 아힘사까를 만나야겠다고 생각했다. 붓다는 공양을 마친 후에 잘리니 숲을 향하였다. 아힘사까가 있는 길로 들어서자 근처의 목동과 농부들이 만류했다.

"사문이시여, 그 길로 가지 마십시오. 그 길에는 희대의 살인마 앙굴리말라가 숨어 있습니다. 그는 날래기가 번개 같아서 순식간에 수십 명의 사람을 죽입니다. 그러고는 죽은 사람의 손가락을 잘라 목걸이를 만들어 목에 걸고 다닙니다. 그 길로 가시면 위험합니다."

그러나 붓다는 계속해서 그 길을 걸었다. 두 번이나 더 사람들이 만류했지만, 붓다는 말없이 길을 걸었다.

나는 이미 멈추었다, 그대도 멈추어라

아힘사까는 한 사람만 더 죽이면 자신의 과업이 완성된다고 생각하면서 누군가 오기를 기다리고 있었다. 그때 멀리서 한 여인이 오고 있었다. 그의 어머니였지만, 너무 멀기도 하고 햇살이 비치는 쪽에서 오고 있어서 분간하기가 힘들었다. 거리가 가까워지면서 그는 걸어오는 사람이 사문임을 알았다. 붓다가 신통력으로 어머니의 방향을 다른 곳으로 바꾸고 당신이 그 길을 걸은 것이었다. 사문은 천천히 걸어오고 있는 것 같았는데, 어느새 자신의 앞을 지나 저만치 앞서 걸어가고 있었다.

아힘사까는 사문을 향해 뛰었다. 그런데 이상한 일이었다. 분명 사문은 천천히 걸어가고 있고 자신은 뛰어가고 있는데, 거리가 전혀 좁혀지지 않았다. 숨이 차서 더 이상 따라가지 못한 아힘사까는 멈춰 선 채 소리쳤다.

"멈추어라, 사문이여! 멈추어라, 사문이여!"

붓다는 여전히 걸음을 멈추지 않은 채 조용하면서도 힘있게 말했다.

"나는 이미 멈추었다. 그대야말로 어서 멈추어라."

아힘사까는 갑자기 의문이 생겼다.

'저 사문은 걸어가고 있으면서 자신이 이미 멈추었다고 말하고, 이미 멈추어 있는 내게 멈추라고 말했다. 거기에 뭔가 뜻이 있는 것 같다. 그 의미를 물어야겠다.'

아힘사까가 붓다에게 큰소리로 물었다.

"사문이여, 당신은 걸으면서 '나는 이미 멈추었다.'라고 하셨습니다. 저야말로 이미 멈추었는데, 제게 '멈추어라.'라고 하셨습니다. 도대체 왜 당신은 걸으면서 멈추었다고 하고, 이미 멈춰 있는 제게 멈추라고 하신 것인지요?"

붓다는 아힘사까를 향해 돌아서서 말했다.

"아힘사까여, 나는 살아 있는 생명을 해치는 일을 멈추었다. 그대는 아직 생명을 해치는 일을 멈추지 않았다. 그러기에 나는 이미 멈추었고, 그대는 아직 멈추지 않은 것이니라."

아힘사까는 갑자기 눈이 번쩍 뜨이는 것 같은 느낌이 들었다.

'지금 내가 하는 행동이 스승의 뜻을 받드는 것이 아니라 생명을 해치는 일이었구나.'

그제야 그는 자신이 무슨 짓을 저질렀는지 깨달았다. 그때까지 그는 스승의 말은 절대 진리라고 생각하고 추호도 의심하지 않았다. 그러나 붓다의 말을 들어 보니 자신은 희대의 살인마일 뿐이었다. 아힘사까는 눈물을 펑펑 쏟으며 몸에 지닌 모든 무기를 던져 버리고 엎드렸다.

"오, 위대한 사문이시여! 존귀한 현자가 저를 위해 오셨나이다. 존귀하신 분의 말씀을 듣고 악을 버리겠습니다. 스승이시여, 저를 제자로 받아 주시옵소서. 목숨이 다하는 날까지 가르침을 받들겠습니다."

오라, 비구여 가르침이 잘 마련되어 있다

오늘날 대한불교조계종에 출가하기 위해서는 경찰서에서 신원 조회서를 발급하여 종단에 제출해야 한다. 신원 조회서에 범죄 경력이 기록되어 있으면 출가할 수 없다. 그러나 붓다는 그런 증명서보다 더 확실한 혜안(慧眼)이 있었다. 붓다는 혜안으로 출가 희망자가 제대로 수행할 성품인지를 단박에 알아볼 수 있었다. 그에게는 엄청난 범죄자도 출가할 자격이 있을 수 있고, 전과가 전혀 없어도 자격이 없을 수 있다. 붓다는 엎드려 제자가 되겠다는 아힘사까의 출가를 단번에 허락한다.

"오라, 비구여! 가르침이 잘 마련되어 있다. 부지런히 정진하라!"

그러자 붓다의 가르침을 옹호하는 천신들이 아힘사까의 머리카락을 잘라 주었고, 피 묻은 옷 대신 가사를 입혀 주었으며, 손에 발우를 들려 주었다. 천신들의 모습이 보이지 않은 아힘사까는 어안이 벙벙할 뿐이었다. 붓다는 비구가 된 아힘사까를 데리고 제따와나로 돌아왔다.

얼마 지나지 않아 오백 명의 기마병을 대동한 빠세나디왕이 제따와나 사원으로 찾아왔다. 그는 붓다에게 다가와 공손하게 예를 올리고는 말했다.

"부처님이시여, 살인마 앙굴리말라가 이곳에 왔다고 들었습니다. 그는 사람을 죽여 손가락을 잘라서 목걸이를 만들어 목에 걸고 있습니다. 그 때문에 온 나라가 공포에 휩싸여 있습니다. 그를 잡아서 처벌해야 합니다."

"대왕이시여, 만약 앙굴리말라가 머리와 수염을 깎고 가사를 걸치고 출가하여 살생을 금하고, 주지 않은 것은 갖지 않으며, 거짓말하지 않고, 착하게 산다면 그를 어떻게 대우하실 것입니까?"

"부처님이시여, 만약 그렇다면 저는 그에게 예를 올리고 자리를 제공할 것입니다. 가사와 음식, 거처와 약을 보시하고, 그를 법답게 보호하겠습니다. 그러나 부처님이시여, 악하고 부도덕했던 사람이 하루아침에 그럴 수가 있겠습니까?"

붓다가 한쪽에 앉아 있는 아힘사까를 가리키자 왕은 깜짝 놀랐다. 아힘사까는 가사를 입고 있었고, 얼굴에는 살기가 전혀 없어 보였으며, 오히려 자비심이 넘쳐 보였다. 그럼에도 불구하고 왕은 마음에 두려움이 일어나 온몸의 털이 곤두섰다.

"대왕이시여, 두려워하지 마십시오. 이제 그를 두려워하지 않으셔도 됩니다."

왕은 마음을 진정하고 아힘사까에게 물었다.

"존자님께서 진정 앙굴리말라입니까?"

"그렇습니다."

"존자님의 아버지와 어머니의 성은 어떻게 되십니까?"

"아버지는 각가이고, 어머니는 만따니입니다."

"부처님이시여, 각가만따니뿟따(각가와 만따니의 아들) 스님에게 많은 가르침을 베풀어 주십시오. 저는 각가만따니뿟따 스님에게 가사와 음식, 거처, 약을 보시하겠습니다."

아힘사까가 왕에게 말했다.

"대왕이시여, 저는 이미 가질 것을 충분히 가졌습니다."

빠세나디왕은 붓다를 찬탄하였다.

"부처님께서는 참으로 놀라운 분이십니다. 우리가 몽둥이와 칼로도 다스릴 수 없는 자를 몽둥이도 칼도 없이 다스리십니다. 참으로 놀라운 일입니다. 부처님이시여, 이만 가 보겠습니다."

선행은 악행을 덮을 수 있다

아힘사까는 홀로 떨어져서 확고한 결심으로 정진에 정진을 거듭한 결과 더 이상 배울 것이 없는 아라한이 되었다. 그러나 그것으로 그의 업장이 모두 소멸된 것이 아니었다.

어느 날 아침, 아힘사까가 탁발하러 사왓티로 들어섰을 때였다. 한 사람이 아힘사까에게 흙덩이를 던지자 다른 사람이 몽둥이를 던졌고, 또 다른 사람은 돌을 던졌다. 그는 피를 흘리며 붓다가 있는 곳으로 피했다. 피를 흘리는 아힘사까를 보고 붓다가 말했다.

"참아야 한다, 바라문이여! 그대가 지옥에 떨어져 수만 년,

아니 수백만 년을 받아야 할 과보를 지금 짧은 시간에 다 받는 것이다.”

어느 날 홀로 좌선하고 있는 그에게 다시 돌과 몽둥이가 날 아들었다. 그는 돌에 맞아 신음하면서 감흥어를 읊었다.

사람들은 몽둥이나 회초리나 칼로 길들이지만
부처님께서는 몽둥이도 칼도 없이 나를 길들이셨네.
나는 한때 앙굴리말라라는 살인마였지만
마침내 부처님에게서 의지처를 구했네.

아힘사까는 피를 철철 흘리면서도 행복한 표정으로 대열반에 들었다. 아힘사까의 소식을 들은 비구들이 모였다.

“앙굴리말라 장로는 죽어서 어디로 갈까요?”

이때 붓다가 와서 말했다.

“비구들이여, 앙굴리말라 장로는 대열반에 들었느니라. 그는 한때 스승을 잘못 만나 악행을 저질렀지만, 훌륭한 가르침을 받은 후에는 열심히 정진하여 도과(道果)를 성취했다. 선행은 악행을 덮어 버릴 수 있다.”

붓다는 게송을 읊었다.

지난날 저지른 악행을
선행으로 덮는 사람,
그가 세상을 비추네,
구름을 벗어난 달처럼.

– 『법구경』 173송

역사에 가정법이란 있을 수 없지만, '아힘사까의 아버지가 아들을 먼 곳의 친구에게 보낼 것이 아니라 가까운 곳에 계시는 붓다에게 보냈으면 좋았을 것을.' 하고 생각해 본다. 그러나 궁중의 제사장을 맡을 정도로 명망 있는 바라문인 아버지는 아들을 최고의 바라문으로 기르고 싶었다. 아버지의 욕망, 스승의 어리석음, 스승 부인의 탐욕, 그리고 무엇보다도 스스로의 어리석음이 빚어낸 비극이 앙굴리말라였다.

25

영원한
아름다움으로
향하는 길

나라를 대표하는 미녀들의 출가

출가자가 급격히 줄어들고 있다. 특히 여성 출가자의 감소 추세
는 더욱 가파르다. 1990년대와 2000년대 초반까지는 오히려 여
성 출가자가 많았다. 그 시대와 지금은 무엇이 다른가? 한국보
건사회연구원의 연구에 따르면, 2025년 무렵에는 성인 여성 10
명 중 1명은 독신이 될 것이라고 한다. 독신 여성이 비율이 점점
높아지고 있는데도 출가자는 줄어들고 있다. 독신으로 살지라
도 출가는 하지 않는다는 것이다.

붓다 시대에는 여성 출가자들이 참으로 많았는데, 출가한
비구니 스님 중에는 한 나라를 대표하는 미녀들도 있었다. *까삘*

붓다의 신화

라국의 루빠난다(Rūpananda), 마가다국의 케마(Khema)왕비, 왓지(Vajjī)국의 기녀 암바빨리(Ambapālī)가 그들이다. 이들은 모두 자신의 미모에 대한 자부심이 대단했다. 출가 전 그들의 존재 이유는 곧 미모였다. 그럼에도 그들은 출가하여 비구니들의 모범이 되었다.

삭까족 최고의 미녀 루빠난다의 깨달음

자나빠다 깔랴니 난다(Janapada Kalyānī Nanda)는 미모가 뛰어나서 '아름답다'라는 의미의 수식어 '루빠(rūpa)'가 붙어 '루빠난다(Rūpa-nanda)'라고 불렸다. 그녀는 붓다의 이복동생 난다(Nanda)의 약혼녀였으나, 결혼식이 예정되어 있던 날 난다가 출가하였기 때문에 혼자가 되었다. 남편 난다는 아라한이 되었기에 세속으로 돌아올 일은 없었다.

　루빠난다는 먼발치에서라도 난다를 보고 싶어 출가하였다. 그러나 난다를 볼 기회는 거의 없었다. 붓다의 승가에 출가했지만, 붓다의 설법을 듣고 싶은 생각도 없었다. 붓다가 '아름다운 형상은 무상하며, 아무리 아름다운 여인일지라도 똥이 가득 담긴 가죽 부대와 같은 것'이라고 설법했다고 들었기 때문이었다. 그럼에도 불구하고 그녀는 붓다가 자신을 보면 그도 자신의 아름다움에 반할 것이라고 생각하고 있었다. 루빠난다는 이렇게 자신의 용모에 대한 자신감을 넘어서 자만심에 가득 차 있었다.

루빠난다는 붓다의 설법을 들을 기회가 여러 번 있었지만 일부러 피했다. 붓다가 비구니 승원에 오는 일이 있어도 그녀는 나가지 않았다. 그러나 설법을 들은 비구니들이 환희로운 표정을 짓고 오거나 완전히 달라지는 모습을 자주 목격하다 보니 붓다의 설법이 점점 궁금해졌다. 결국 비구니들이 붓다의 설법을 듣기로 한 날, 루빠난다도 비구니들 사이에서 붓다가 알아채지 못하게 설법을 들어야겠다고 생각했다. 루빠난다는 설레는 마음으로 설법 장소로 향했다. 붓다는 멀리서 다가오는 루빠난다를 보고 생각했다.

'루빠난다는 자신의 아름다운 외모에 대한 집착이 강하다. 외모에 대한 집착을 버리지 않고 수행한다는 것은 모래로 밥을 짓는 것과 같다. 이번에 외모에 대한 집착을 없애 주어야겠다.'

붓다는 신통력으로 빼어난 미모를 갖춘 열여섯 살의 처녀를 만들어 당신에게 부채를 부치게 했다. 물론 그 모습은 루빠난다만 볼 수 있게 했다. 루빠난다는 처녀를 보고 그만 그 아름다움에 넋을 잃었다.

'어쩜 저렇게 아름다운 여인이 있단 말인가!'

머리부터 발끝까지 흠잡을 데라곤 한 군데도 없었으며, 그녀의 몸 어디를 보아도 감탄이 절로 나왔다.

'아, 나도 저렇게 아름다울 수 있다면 얼마나 좋을까?'

붓다의 신화

그때였다. 여인의 모습이 변하기 시작했다. 20대의 성숙한 여인처럼 변하더니, 중년 여인으로 변했다. 점점 살이 찌고 배도 불룩 나오더니, 다시 살이 빠지고 허리가 기역 자가 되어 지팡이 없이는 설 수 없는 할머니가 되었다. 입을 벌릴 때 보니 성한 이가 거의 없었고, 머리는 하얗게 세었는데 그 머리카락도 몇 가닥 되지 않았으며, 움직일 때마다 온몸이 뒤틀리곤 했다.

'아, 그 아름답던 모습이 어디로 가 버렸단 말인가.'

루빠난다가 변해 가는 여인의 모습에 깊이 상심하고 있을 때, 붓다는 그 여인을 병들게 했다. 여인이 갑자기 외마디 비명을 지르며 쓰러졌다. 쓰러진 몸에서 똥오줌이 흘러나와 그녀는 질펀한 배설물 위에서 뒹굴고 있었다. 붓다는 그녀를 아예 죽음에 이르게 했다. 그녀의 몸이 부패하기 시작하더니, 아홉 구멍에서 누런 고름이 흘러나오고, 구더기가 꾸물거리며 기어 나왔다. 까마귀가 몰려들었고, 동네 개들이 몰려와 시체를 뜯어 먹었다. 루빠난다는 더 이상 쳐다볼 기운도 없어졌다.

'저 아름답던 여인이 순식간에 죽음에 이르렀듯이 나의 몸도 늙고 병들어 죽을 것이다. 그렇게 죽어 가고 마는 것을 왜 이리 집착했던가.'

루빠난다는 자신의 몸도 무상한 것임을 깨달았다. 변화하는 여인의 모습을 보고 괴로웠지만, 차츰 평정을 되찾는 스스로의 모습을 보면서 그 괴로움이 영원한 것도 아니고 실체가 있는 것도 아님을 깨달았다. 루빠난다의 마음이 움직이고 있음을 알아차린 붓다가 가르침을 설하였다.

"난다여, 그대의 몸에 실체가 있다고 생각하지 마라. 이 몸은 삼백 개의 뼈들의 무더기일 뿐이다. 시간이 되면 뼈들의 무더기는 흩어져 사라진다."

붓다는 이어서 게송을 읊었다.

이 몸은 고기와 피로 덮여 있고
뼈로 쌓아 올린 하나의 성곽,
그 안에 교만과 비방,
늙음과 죽음이 함께 머무르고 있구나.
― 『법구경』 제150송

예전에 이 게송을 들었다면 루빠난다는 큰 모욕감을 느꼈을 것이다. 자신의 용모에 대한 자부심으로 하루하루를 살아왔던 루빠난다였다. 그러나 아름다웠던 여인의 일생을 엄청난 충격을 받으면서 관람한 루빠난다는 완전히 달라져 있었다. 게송을 듣자마자 루빠난다는 아라한과를 성취했다.

붓다의 신화

마가다국 최고의 미녀, 케마왕비의 출가

케마는 마가다국 빔비사라왕의 세 번째 왕비로 과거 전생에 큰 원을 세운 공덕으로 금생에 뛰어나게 아름다운 얼굴과 몸매를 지니고 태어났다. 그런데 그녀는 자기의 빼어난 외모를 의식하여 지나치게 교만하였고 자존심도 대단했다. 빔비사라 왕은 케마가 붓다를 만나게 되면 마음을 다스릴 수 있으리라 기대하며 함께 죽림정사에 가자고 했으나 케마는 늘 거절하였다.

"저는 그분의 가르침을 믿지 않아요. 당신 혼자 가세요."

왕은 케마 같은 미모라면 콧대가 세도 용서된다고 생각하면서 허허 웃곤 했다. 케마는 여러 사람에게 붓다는 미모 같은 것은 경멸하고 무시한다는 이야기를 듣고 있었기 때문에 의도적으로 붓다를 피하고 있었다.

어느 날 왕은 케마가 붓다를 만나게 할 좋은 계책을 생각했다. 음유 시인들로 하여금 케마왕비가 지나다니는 길에서 죽림정사의 아름다움을 노래하게 하면, 호기심 많은 케마가 죽림정사를 몹시 궁금해 하리라 예상한 것이다.

케마왕비는 음유 시인들이 부르는 노래를 들으면서 생각했다.

'시인들이 저렇게 아름다이 노래하는 그곳은 도대체 어디일까?'

하루는 케마가 한 시인을 불러 물었다.

"당신이 예찬하는 그곳은 도대체 어디입니까?"

"죽림정사입니다."

"죽림정사라면 붓다가 계신다는 그곳인가요? 그곳이 그렇게 아름답습니까?"

"그렇습니다. 그곳은 천상이나 다름없습니다."

죽림정사가 너무도 궁금해진 케마는 붓다가 탁발을 나가는 시간을 틈타서 죽림정사를 구경하기로 했다.

케마는 스님들이 모두 탁발을 나갔다는 것을 확인하고 죽림정사를 찾았다. 케마는 붓다가 눈치채지 못하게 죽림정사를 구경하려 했지만, 붓다는 케마왕비가 올 것을 알고 탁발을 나가지 않은 채 기다리고 있었다. 붓다는 신통력으로 왕비보다 훨씬 아름다운 천상의 여인들의 모습을 케마의 눈에 보이게 했다. 그 여인들은 커다란 코코넛나무 이파리를 들고 붓다에게 부채질을 해 주고 있었다.

케마는 눈이 휘둥그레졌다. 아직까지 자신보다 아름다운 여인은 한 번도 본 적이 없었는데 자신보다 아름다운 여인이, 그것도 한 명이 아닌 여러 명이 있는 것을 보았으니 참으로 큰 충격이었다. 그녀는 생각했다.

'나는 위없는 깨달음을 이루신 부처님이 여인의 아름다운 용모를 경멸하신다는 얘기를 들어 왔다. 그런데 저토록 아름다운 여인들이 부처님께 부채질을 해 드리고 있다니, 부처님에 대한 소문이 거짓이었나?'

케마는 또 탄식했다.

'아, 저 여인들에 비하면 나의 미모는 얼마나 보잘것없는가. 이런 보잘것없는 미모를 뽐내고 다녔으니, 참으로 우스꽝스러운 일이었구나.'

붓다는 케마의 모든 관심이 여인들에게 있는 것을 알고, 처녀들을 차츰 나이 들게 하여 마침내 추한 노파로 변신시켰다. 케마는 처녀들이 나이가 들면서 늙어 죽어 가는 모습을 똑바로 쳐다보며 눈물을 주르르 흘렸다.

'아, 아무리 아름다웠다 해도 늙어 죽는 모습은 똑같구나. 저렇게 잠깐일 뿐인 아름다움이 도대체 뭐 그리 대단하단 말인가?'

이때 붓다가 케마에게 입을 열었다.

"왕비시여, 몸의 아름다움이란 그 누구에게도 잠깐일 뿐입니다. 이제 몸이란 영원하거나 참된 것이 아니라는 것을 아셨는지요? 마땅히 몸을 네 가지 물질과 다섯 가지 구성 요소로 이루어진 질병과 더러움이 흐르는 것으로 보고 더 이상 집착하는 마음을 일으키지 말아야 합니다."

붓다의 설법을 들은 케마왕비는 성자의 첫 번째 단계인 수다원과를 성취하였다.

"왕비시여, 이 세상의 많은 중생은 욕망 때문에 죽고, 증오와 미움 때문에 타락하며, 어리석음의 환상에 빠져 있습니다. 욕망과 갈망으로 인해 윤회의 물길을 거슬러 올라가지 못하고, 윤회의 소용돌이 속에 갇혀서 괴로워하고 있는 것입니다."

붓다는 이어서 게송을 읊었다.

욕정에 빠져 있는 존재들은
거미가 자신이 지은 거미줄 안에 있듯이
자신이 일으킨 갈애의 흐름 속에 빠져 있다.
현명한 자는 갈애의 족쇄(足鎖)를 끊고,
모든 괴로움 [dukkha]을 뒤로 하고 결연히 떠난다.

– 『법구경』 제347송

이 게송을 들은 케마왕비는 성자의 세 번째 단계인 아나함과를 성취하였다. 아나함과를 성취한 후에 궁궐로 돌아오는 케마왕비를 보고 빔비사라왕은 가슴이 철렁 내려앉았다.

'아, 이 여인은 이제 나의 여자가 아니구나.'

그녀에게서는 범접하지 못할 위엄이 넘쳤고, 얼굴에서는 지극히 평화로운 미소가 넘쳤다. 다정다감하게 느껴지면서도 도저히 가까이 다가갈 수 없는 품위에 눌려 빔비사라왕은 아무 말도 하지 못했다. 케마왕비가 나직한 목소리로 말했다.

"대왕이시여, 저는 붓다의 승가에 출가하겠습니다."

빔비사라왕은 당장 황금 가마를 대령케 하여, 왕비를 황금 가마에 태워 죽림정사로 보냈다. 케마는 부지런히 수행하여 금방 아라한과를 성취하였고, 지혜가 출중하여 비구니 중에서 지혜제일로 통했다.

영원히 아름다울 수 있는 길

조민기 작가의 책 『부처님의 십대제자』(맑은소리맑은나라, 2016)의 부제는 '경전 속 꽃미남 찾기'이다. 붓다의 최고 제자들이 모두 외모가 꽃미남이었다는 얘기인가 했는데 그것이 아니었다. 이 책에서 꽃미남의 조건은 학식과 지성, 청정하고 자비로운 마음, 바른 생각과 언행, 대중 친화적인 법문 실력 등이었다.

비구니 스님들의 경우도 마찬가지로 외모가 중요한 것은 아니다. 다만 한 나라를 대표했던 미녀들이 출가했다는 것은, 미녀라는 장점을 더욱 강력하게 발휘할 수 있는 세속을 버리고 감행할 정도로 출가는 멋지고 값진 일임을 말해 준다.

출가라는 멋진 모험의 길에 가장 큰 장애물은 무엇일까? 붓다 시대 국민 미녀들의 경우를 살펴보건대, 자신이 가장 자랑스러워하는 것이 가장 큰 장애물이었다. 정확하게 말하면 '아름다움에 대한 애착'이라 하겠다. 붓다가 루빠난다와 케마의 '아름다움에 대한 애착'을 끊어 주기 위해 사용한 신통은 천상의 최고 미녀들을 보여 주고, 또 그 아름다움의 무상함을 보여 주는 것이었다. 그리하여 그녀들은 외모가 아름다운 여인에서 깨달음의 경지와 성품이 아름다운 수행자로 거듭났다. 젊었을 때만 아름다운 여인에서 전 생애에 걸쳐, 아니 생애 이후에까지 아름다운 성자가 되었다.

우리 사회 여러 분야에서 여성의 활약이 갈수록 두드러지고 있다. 승가에서도 비구니 스님들의 역할이 매우 커졌다. 여성 출가자가 감소하고 있음은 한편으로 기회가 늘어나고 있음을 말해 준다. 더 많은 루빠난다나 케마 같은 비구니 스님들의 출현과 활약을 기대해 본다.

붓다의 신화

26

목숨 걸고
보시하는 이는
행복하다

무주상(無住相) 보시인가, 목숨 건 보시인가

마치 천상 사람처럼 곱고 단정하고 아름답게 차려입은 사람들
이 부드럽고 아름다운 음악이 울리는 가운데 향(香)과 등(燈), 꽃,
차[茶], 과일, 쌀 등을 이마 위까지 올린 채 조심스럽게 불단을 향
하여 다가간다. 조심스러우면서도 가벼운 발걸음이라 마치 발
을 바닥에 딛지 않고 걷는 듯한 느낌을 준다. 어쩌면 저렇게 공
손할 수 있을까! 감탄사가 절로 나올 정도로 우아하게 불전에
나아가서는 다시 이마 위로 공양물을 공손하게 들었다가 조심
스럽게 불단 위에 올려놓는다. 부처님오신날 봉축 법요식을 봉
행하기 전에 진행하는 육법공양(六法供養) 장면이다. 육법공양

이란 향과 등, 꽃, 차, 과일, 쌀 등을 붓다께 올리는 의식이다.

향과 등과 꽃은 붓다 시대에 재가 신도들이 붓다를 위해 가장 자주 공양했던 품목들이고, 차와 과일과 쌀(밥)은 대중공양 때에 빠질 수 없는 품목들이다. 향이나 등이나 꽃은 인간의 생존에 필수적이지는 않은 것이다. 물론 탁발을 나온 붓다와 제자들에게 생존에 필수적인 음식을 공양하는 경우가 많았겠지만, 경전에는 생존에 필수적이지 않은 향이나 등이나 꽃이 더 자주 등장한다. 그만큼 그 시대 사람들이 먹고사는 데 급급하지 않고 여유가 있었음을 말해 주는 것이 아닐까 싶다.

『금강경(金剛經)』에서는 무주상(無住相) 보시를 강조한다. 보시를 하고서도 보시했다는 상을 갖지 않는 것이다. 보시하고서도 보시했다는 상을 갖지 않는 것은 쉽지 않다. 일창 스님은 보시의 공덕을 크게 하는 요소를 다섯 가지로 정리한다. 첫째, 보시하는 이 스스로 계를 잘 지켜야 한다. 둘째, 계를 잘 지키는 사람에게 보시해야 한다. 셋째, 정당하게 얻은 것을 보시해야 한다. 넷째, 보시하기 전에도 기뻐하고 보시하면서도 기뻐하고 보시하고 나서도 기뻐해야 한다. 다섯째, 업과 업의 과보에 대해 확실한 믿음을 갖고 보시해야 한다.

그런데 무주상 보시나 일창 스님이 말하는 보시의 다섯 가지 요소를 뛰어넘은 '목숨을 건 보시'를 실천한 이들이 있었다. 이른바 '빈자 일등'으로 알려진 가난한 노파 난다(Nanda)와 붓다

붓다의 신화

에게 꽃 여덟 송이를 보시하고 미래에 벽지불이 되리라는 수기(受記)를 받은 꽃장수 수마나(Sumana)가 바로 그들이다.

폭풍우에도 꺼지지 않는 등불

『아사세왕수결경(阿闍世王授決經)』과 『현우경(賢愚經)』「빈녀난타품(貧女難陁品)」에 '빈자 일등' 이야기가 나온다. 붓다가 라자가하에 있을 때 아자따삿뚜(Ajātasattu)왕이 붓다와 제자들을 초청하여 대중공양을 마친 후 의사 지와까(Jivaka)와 의논하였다.

"오늘 부처님을 청하여 대중공양을 했으니 다음에는 무엇을 하면 좋겠는가?"

지와까가 대답하였다.

"부처님을 위하여 죽림정사까지 등을 설치하여 공양하는 것이 좋겠습니다."

왕은 곧 궁문에서부터 죽림정사에 이르기까지 등을 설치하도록 하였고, 백성들도 동참하도록 하였다. 그 소식을 들은 한 가난한 노파 난다도 붓다에게 등 공양을 하고 싶었다. 그러나 그녀는 한 끼 먹을 양식도 없었다. 오직 붓다에게 공양하겠다는 열망으로 겨우 2전(錢)을 구걸해서 그것을 가지고 기름집으로 갔다.

"한 끼 먹을 양식도 없는 분이 2전이 생겼으면 밥을 사 먹어야지, 왜 기름을 삽니까?"

"부처님을 만나기는 백겁이 지나도 어렵다고 하는데, 나는 부처님과 같은 세상에서 살고 있으면서도 지금까지 공양을 올린 적이 없습니다. 그런데 오늘 왕께서 우리 같은 백성들도 동참할 수 있도록 하신다니 내가 굶어 죽더라도 부처님께 공양을 올리기로 했습니다."

이에 기름집 주인은 난다의 지극한 뜻을 알고서 2전엔 2홉을 주어야 하는데 특별히 3홉을 주었다. 3홉이라 해 봐야 다른 사람들이 올린 것에 비해 반도 되지 않았지만, 그녀는 간절한 마음으로 죽림정사에 갔다. 등불을 공양하면서 난다는 지극한 마음으로 발원했다.

"만약 제가 후세에 부처님처럼 도를 얻을 수 있다면, 이 등불이 밤을 새고 나서도 시들지 않게 하소서."

그녀는 밤이 깊어도 죽림정사를 떠나지 않고 합장한 자세 그대로 서 있었다. 밤이 깊어 가면서 어떤 등은 꺼지고 어떤 등은 꺼지지 않았다. 그중 난다가 밝힌 등은 어디서 보아도 눈에 띌 정도로 밝았다. 아침 해가 동쪽에서 솟아올랐는데도 난다의 등은 꺼질 줄을 몰랐다. 붓다가 목갈라나 존자에게 일렀다.

"날이 밝았으니 모든 등을 꺼라."

목갈라나가 지시를 받들어 등을 차례로 껐다. 모든 등을 다 끄고 나서 드디어 난다의 등을 끄려고 했으나, 난다의 등은 세 번이나 시도했음에도 꺼지지 않았다. 목갈라나가 다시 신통력

붓다의 신화

으로 폭풍을 일으켰다. 그러나 난다의 등은 폭풍을 부채질 삼아 더욱 활활 타올라 온 세계를 비추었다. 붓다가 다가와 그에게 말했다.

"그만두어라, 그만두어라. 그 등은 미래 부처님 광명의 공덕이니 너의 신통력으로도, 온 세상 바닷물을 끼얹어도 꺼지지 않는다. 이 등을 밝힌 노파 난다는 많은 공덕을 지어 전생에 부처님께 수기를 받았으나, 아직 보시바라밀이 부족하여 이번 생애에 빈궁하게 태어났을 뿐이다. 삼십 겁 후에는 마침내 붓다를 이룰 것이니, 이름은 수미등광(須彌燈光) 여래·지진(至眞)이며, 그 세계엔 해와 달이 없고 사람의 몸속에서 큰 광명을 발산하며, 집 안에 있는 온갖 보배의 광명이 서로 비추어 마치 도리천과 같으리라."

난다는 붓다의 수기를 듣고 환희하여 펄쩍 뛰었다. 그러자 그녀의 몸이 사뿐히 솟아올라 약 4킬로미터를 날아오르더니 부드럽게 내려와서 절하고 물러갔다.

이 소식이 왕에게 전해지자, 왕이 지와까에게 물었다.

"등 공양은 내가 시작했고 나는 수많은 등을 공양했는데, 내게는 아무 수기가 없고 오직 한 등을 켠 노파는 어찌하여 수기를 받은 것인가?"

이에 지와까가 말하였다.

"대왕께서 많은 등을 공양했지만 목숨을 걸고 공양하신 것은 아니지요. 그러나 노파는 목숨을 지탱해 줄 양식을 포기하고 공양했기 때문입니다."

땅에 떨어지지 않은 여덟 송이의 꽃

목숨을 걸고 보시한 사람이 또 있다. 『법구경』 68송의 배경 이야기, 『대불전경』에 꽃장수 수마나 이야기가 있으며, 『아사세왕수결경』에도 비슷한 이야기가 전해진다.

꽃장수 수마나는 마가다국 사람으로, 빔비사라왕에게 매일 꽃을 배달하는 배달꾼이었다. 그는 매일 꽃집에서 여덟 송이의 꽃을 받아서 왕에게 배달하였다. 어느 날 수마나가 여덟 송이의 꽃을 들고 왕궁으로 가는 길이었다. 유난히 환한 골목에 많은 사람들이 모여 있어서 다가가 보니, 붓다가 탁발하고 있는 주위로 많은 사람들이 모여 있었다.

어떤 사람들은 붓다가 가는 길에 꽃가루를 뿌리며 예경하고 있었고, 어떤 사람들은 붓다와 제자들에게 음식물을 공양하였다. 수마나는 광배가 환하게 빛나는 붓다를 보면서 '부처님은 참으로 거룩하신 분이구나.'라고 생각하며 뭔가를 보시하고 싶었다. 그러나 수마나에게는 왕에게 바칠 꽃 여덟 송이밖에 없었다.

'이 꽃 여덟 송이를 부처님께 공양하고 싶다. 그러나 오늘 내가 이 꽃을 왕에게 바치지 않으면 왕은 나를 죽이거나 추방할

것이다.'

수마나는 생각 끝에 죽음을 각오하고 붓다에게 꽃을 공양하기로 한다. 그러자 기적이 일어났다. 수마나가 공양한 꽃들이 모두 공중으로 떠오르더니 붓다의 머리 위에 두 송이, 붓다의 왼쪽에 두 송이, 오른쪽에 두 송이, 뒤쪽에 두 송이, 이렇게 붓다를 호위하면서 따라가는 것이었다. 붓다는 수마나의 꽃들이 호위하는 가운데 탁발을 마치고 죽림정사로 돌아갔다. 그 모습을 본 수마나는 물론 사람들 모두 큰 환희심을 내었다.

왕에게 바칠 꽃이 없어진 수마나는 예정보다 일찍 집으로 돌아왔다. 부인이 왜 벌써 왔느냐고 묻자, 수마나가 자초지종을 말해 주었다. 어리석고 이기적인 부인은 남편의 행동에 몹시 화가 났다.

"여보, 당신은 제가 안중에나 있는 거예요? 왕들은 거칠고 오만하기 짝이 없단 말이에요. 왕을 불쾌하게 한 이는 죽음이 아니면 손과 발이 잘릴 거예요. 그의 가족들도 무사하지 못하다는 것 모르세요?"

부인은 그대로 있다가는 자기까지 죽임을 당할 것이라고 걱정한 나머지 왕궁으로 달려가 왕에게 고했다.

"대왕이시여, 저는 꽃 배달꾼 수마나의 아내입니다. 어리석은 수마나가 대왕님께 꽃을 올리러 오다가 그 꽃을 부처님께 드렸답니다. 저는 그 일로 남편과 다투고 이혼했습니다. 이제 저는 수마나와 아무 관계가 없으니 저는 벌하지 말아 주십시오.”

신심 깊은 왕은 수마나를 칭찬하고 싶었지만, 어리석은 부인에게 표정 없이 말했다.

“알았다. 너는 벌하지 않겠다. 대신 너는 이제 남편과 아무 관계 없으니 남편 일에 대해 상관하지 말아라.”

왕은 수마나를 즉시 궁 안으로 불러들였다. 수마나는 ‘올 것이 왔구나.’라고 생각하면서도 붓다에게 공양했다는 환희심을 가득 안고 궁궐로 들어갔다.

“부처님께 꽃을 올리면서 그대는 무슨 생각을 했는가?”

“대왕께서 저를 죽이거나 추방할지도 모르지만, 목숨을 잃더라도 부처님께 꽃을 올려야겠다고 생각했습니다.”

“수마나여, 참으로 훌륭하구나. 너에게 여덟 가지 상을 주겠노라. 코끼리 여덟 마리, 말 여덟 마리, 남자 노예 여덟 명, 여자 노예 여덟 명, 보석 여덟 가지, 돈 8천 루피, 아내 여덟 명, 마을 여덟 곳을 주겠다.”

아내 여덟 명이라는 것이 오늘날에는 이해할 수 없지만, 그 당시 사람들의 의식을 짐작할 수 있게 하는 대목이다.

죽림정사에 돌아오자 붓다를 호위하던 꽃들도 마침내 임무를 다했다는 듯이 바닥에 떨어졌다. 아난다 존자가 붓다에게 꽃 배달꾼 수마나에게 어떤 과보가 있느냐고 묻자 붓다가 대답했다.

“아난다여, 수마나의 보시는 사소한 보시가 아니다. 수마나는 목숨을 걸고 보시하였고, 나에 대한 확고한 믿음이 있었다. 그는 이 과보로 십만 겁 동안 악처에 태어나지 않고 천상에서 행복을 누리다가 수마나라는 이름을 가진 벽지불이 될 것이다."

붓다는 법당에서 제자들에게 말했다.

"비구들이여, 후회할 행위를 해서는 안 되고 자기가 한 행위를 돌아볼 때마다 기쁨이 샘솟는 행위를 해야 한다."

붓다는 다시 게송을 읊었다.

그 일을 하고 나서 후회하지 않고
그 결과가 어떻든 기뻐하고 즐거워한다면
그 행위는 훌륭하다 할 수 있다.

－『법구경』 68송

붓다의 게송은 수마나가 신념을 가지고 행한 결과에 대해 불안함이 있을 수 있었지만, 그 행위에 대해 추호도 후회하지 않았던 것에 주목하고 있다. 절대 후회하지 않을 행위를 하는 것이 중요하고, 설사 일시적으로 불편한 결과를 초래하더라도 후회하지 않는 것도 중요하다.

공양물을 땅에 내려놓지 않은 불자들

우리나라 사찰들이 산사에 많이 있다 보니 우리 부모님 세대들이 사찰을 갈 때면 공양물을 이고 지고 갈 수밖에 없었다. 그때 우리의 아버지와 어머니들은 행여 공양물이 땅바닥에 닿을까 조심하면서, 쉬고 싶어도 공양물을 땅에 내려놓을 수 없어 쉬지 않고 산을 오르곤 했다.

북한산 중흥사에 있을 때였다. 법회 때마다 무거운 수박을 짊어지고 올라오는 보살님이 있었다. 무거운 수박은 산사에서는 사치니 그만두시라 해도, 보살님은 "부처님 시대에 목숨을 걸고 보시하신 분들이 있었다."라고 말하며, 계속 수박을 짊어지고 올라왔다.

부처님오신날을 앞두고 초파일 연등 접수가 한창이다. 난다와 수마나처럼 목숨을 건 보시를 누구나 할 수는 없을 것이다. 그러나 부처님오신날의 향, 등, 꽃, 차, 과일, 쌀 등의 보시가 난다와 수마나의 정신을 이어받고 있음을 우리는 명심해야 할 것이며, 지금도 그 정신을 실천하는 분이 있음에 주목해야 할 것이다.

27

붓다를 죽이려 한
무모한 사나이

영웅을 만들어 주는 강력한 적

세상의 수많은 영웅 중에 붓다만큼 완벽한 이는 없었다. 붓다는 실로 수많은 제자들을 바른길로 이끌었고, 외도의 숱한 도전을 물리쳤으며, 창궐하는 전염병을 간단하게 척결하였다. 역사 속에 등장한 영웅 중에, 아니 신화 속에 등장한 영웅까지도 포함하여 붓다만큼 완벽한 영웅은 없었다.

사람들이 추앙하는 영웅에게는 대체로 강력한 적이 있다. 인도인의 마음속에 오래도록 저장되어 있는 라마에게는 강력한 악마 라바나가 있었고, 크리슈나에게도 칸샤라는 막강한 악마가 있었다. 두르가 여신에게는 악마 마히샤가 있었고, 그리스 신화의 영웅 헤라클레스에게는 네메아의 사자나 레르나의 히드라가 있었으며, 영화 속의 영웅 배트맨에게도 악마 같은 적 조커가 있음으로써 빛을 발한다.

완벽한 영웅 붓다에게도 강력한 적이 있었으니, 바로 마라 빠삐만이다. 그는 붓다의 생애 고비마다 나타나 붓다가 하는 일을 방해했지만, 붓다는 마라의 바람과는 반대로 당신의 갈 길을 꿋꿋이 갔을 뿐이다. 붓다의 일생 가운데 고비마다 찾아온 적이 마라였지만, 실제로는 마라가 오히려 붓다가 가는 길의 의미를 더욱 뚜렷하게 해 주었다고 하겠다.

우리를 진정으로 가슴 아프게 한 적은 붓다의 가까운 혈연이기도 했던 데와닷따(Devadatta)였다. 그는 붓다의 고모인 빠미다와 꼴리야족의 숩빠붓다왕 사이에서 태어났으며, 붓다의 아내였던 야소다라의 남동생이기도 하다. 데와닷따는 붓다의 고종사촌이자 처남이었는데, 이런 이중 관계는 동족끼리 혼인하는 것을 선호했던 삭까족과 꼴리야족 사이에서는 흔한 일이었다. 사촌이었던 아난다나 아누룻다, 동생 난다, 아들 라훌라 등 붓다의 혈연이 붓다에게 최상의 협력자였던 것에 반해 데와닷따만이 그릇된 길을 간 이유는 무엇일까?

붓다의 신화

질투심 때문에 반기를 든 데와닷따

붓다가 많은 제자들과 함께 꼬삼비(Kosambī) 지역을 유행하는데, 붓다와 제자들은 가는 곳마다 큰 환영을 받았다. 비구들은 탁발을 나갈 때마다 많은 공양물을 얻었고, 탁발과 공양이 끝난 오후 시간에는 사람들이 승원을 찾아왔다. 그들은 세존의 안부를 물었고, 사리뿟따나 목갈라나 존자를 찾았으며, 마하깟사빠 존자를 찾기도 했다. 또한 데와닷따와 함께 출가한 밧디야, 아누룻다, 아난다, 바구, 낌빌라, 우빨리 존자를 찾는 이들도 많았다. 그러나 데와닷따를 찾는 이는 아무도 없었다. 데와닷따는 생각했다.

'나는 왕족으로서 고귀한 혈통을 물려받았고 누구보다도 열심히 수행하여 신통력을 얻었지만, 나를 찾는 이는 아무도 없구나.'

이런 생각을 했다는 것부터가 그가 붓다의 가르침을 전혀 이해하지도 못했고 실천하지도 않았음을 말해 준다. 다른 삭까족 왕자들은 수행을 통해 성자의 반열에 들었지만 자신은 신통력만 얻었을 뿐인데도 데와닷따는 자신을 돌아볼 줄 몰랐다. 결국 그의 마음속에 강력하게 남아 있는 탐욕이 그로 하여금 붓다를 배신하게 만들었고, 자신을 반역자로 만들었다.

데와닷따는 자신이 살길을 위해 막강한 권력을 가진 이를 후원자로 만들어야겠다고 생각하고, 마가다국의 왕자 아자따삿뚜를 떠올렸다. 아자따삿뚜는 아버지를 계승해 왕이 될 예정이었지만, 빔비사라왕의 건강을 보아서는 아자따삿뚜의 등극을 기약하기가 힘들었다. 데와닷따는 아자따삿뚜가 왕이 되고 싶은 욕망에 한껏 몸이 달아 있다는 것을 알고 있었다.

라자가하에 온 데와닷따는 신통력을 통해 소년으로 둔갑한 후 뱀 일곱 마리로 몸을 장식했다. 두 마리는 팔을 감아 장식하고, 두 마리는 다리를 감아 장식했으며, 한 마리는 목에 감았고, 한 마리는 왼쪽 어깨 위에 올렸다. 마지막 한 마리는 머리 위에 똬리를 틀게 하고는 허공을 날아 아자따삿뚜의 처소로 갔다. 데와닷따는 의자에 앉아 있는 아자따삿뚜의 무릎 위에 살포시 내려앉았다. 아자따삿뚜는 뱀 일곱 마리와 함께 등장한 소년을 보고 소스라치게 놀랐다.

"아니, 당신은 누구시오?"

"나는 삭까족 수행자 데와닷따라고 하오."

"아무리 보아도 수행자 같지는 않소만?"

데와닷따는 가사를 입고 발우를 든 수행자의 원래 모습으로 돌아와 왕자 앞에 섰다. 아자따삿뚜는 데와닷따를 엄청난 신통력을 지닌 수행자로 여기고 헌신적인 후원자가 되리라고 마음먹었다. 아자따삿뚜는 매일 오백 대의 수레에 음식물을 싣고 가서 데와닷따에게 공양했고, 저녁에도 한 번씩 문안하였다. 이 소식이 붓다에게도 전해졌다. 매일 조금씩, 최소한의 음식을 탁발해서 검소하게 생활하는 승가의 원칙을 데와닷따가 어기고 있음을 안 붓다는 다음과 같이 말했다.

"비구들이여, 아자따삿뚜 왕자가 오백 대의 수레에 오백 개의 음식 항아리를 싣고 갈 때마다 데와닷따는 이전에 쌓아 올린 공덕을 까먹고 있는 것이다."

붓다는 이어서 말했다.

"비구들이여, 데와닷따는 자신이 얻은 명성 때문에 파멸을 향해 나아갈 것이다. 바나나가 열매를 맺기 시작하면 차차 파멸하게 되는 것이나 노새가 새끼를 배면 그로 인해 차차 죽어 가는 것과 같으니라. 바나나 열매가 바나나나무를 죽이고, 대나무 열매가 대나무를 죽이고, 갈대 열매가 갈대나무를 죽이고, 암노새의 새끼가 어미를 죽이듯이, 사악한 사람은 오히려 얻은 것으로 인해 파멸하느니라."

승가를 혼자서 독차지하겠다는 욕망

공양물을 많이 받게 되자 데와닷따는 탐심을 더욱 강하게 일으켜, 지계(持戒)와 선정을 바탕으로 한 신통력도 잃고 말았다. 그러나 데와닷따는 욕망을 멈추지 않고 붓다의 승가를 자신이 차지해야겠다고 생각했다.

어느 날 붓다가 죽림정사에서 설법하고 있을 때, 대중 가운데 있던 데와닷따가 일어나 말했다.

"세존이시여, 세존께서는 연로하시니 제게 승가를 맡기십시오."

"데와닷따여, 그것은 온당치 않느니라."

데와닷따는 두 번이나 더 요청했다. 붓다는 "데와닷따여, 나는 승단을 상수제자인 사리뿟따나 목갈라나에게도 넘기지 않을 것이다. 하물며 남의 침을 먹는 자에게 넘기겠느냐?"라고 단호하게 말했다. '남의 침을 먹는 자[khelāsaka]'라고 한 것은 데와닷따가 승가의 일원으로서 부당한 방법으로 아자따삿뚜의 공양물을 받고 있음을 뜻한다. 데와닷따는 사리뿟따와 목갈라나에 대한 질투심으로 괴로워하면서 붓다 곁을 떠났다. 그가 떠난 후 붓다는 비구들에게 '데와닷따의 행위는 붓다와 붓다의 가르침, 승가와 관련 없이 오직 자신의 뜻만으로 행한 것'임을 밝히는 '현시갈마[pakāsaniya kamma, 顯示羯磨]'를 공표하게 했다. 현재, 그리고 앞으로 데와닷따가 하는 모든 행위는 붓다의 뜻이나 승가의 규칙에 따른 것이 아님을 대내외적으로 알린 것이다.

데와닷따는 승가를 독차지하기 위해서는 붓다를 죽여야겠다고 생각했다. 붓다의 가르침이 좋아 출가한 이로서, 더욱이 붓다와 혈연으로도 가까운 사이인 데와닷따가 붓다를 죽이겠다고 결심한 것은 참으로 안타까운 일이었다. 데와닷따는 붓다를 죽이기 위해서는 자신의 후원자를 더욱 강하게 만들 필요가 있다고 생각했다. 데와닷따는 아자따삿뚜를 찾아가 말했다.

"왕자님, 세상일이란 알 수가 없습니다. 빔비사라왕이 오래 살게 되면 왕자님은 왕위에 오르지도 못할 수 있습니다. 왕자님은 부왕을 죽인 후 왕이 되십시오. 나도 부처님을 죽이고 승가를 운영하겠소. 그리하여 우리가 세상을 마음껏 경영해 봅시다."

"아무리 왕위가 탐난다 해도 아버지를 어떻게 죽인단 말입니까?"

데와닷따는 아자따삿뚜의 출생에 관한 비밀을 알려 주었다. 빔비사라왕은 마흔 살이 다 되어가도록 정실 왕비에게서 아들을 낳지 못하자 세 번째 왕비를 맞이하게 되는데, 그녀가 바로 웨데히(Vedehi)였다. 왕이 점술가들에게 점을 친 결과, 히말라야에서 수행하고 있는 한 성자가 3년 후에 죽으면 웨데히의 아들로 태어난다는 것이었다. 3년을 기다리는 것이 너무 힘들었던 빔비사라왕은 자객을 보내 그 성자를 죽였고, 성자는 죽으면서 반드시 복수하겠다고 되뇌었다. 그리하여 태어난 아들이 자신이라니, 아자따삿뚜로서는 믿기지 않는 일이었지만, 출생의 비밀을 듣게 되자 차츰 마음속에서 자신이 아버지를 죽이는 것을 정당화하고 있었다.

어느 날 아자따삿뚜는 허벅지에 칼을 감추고 궁궐로 들어가다 경호원들에게 발각되었다. 빔비사라는 아들에게 물었다.

"왕자야, 왜 나를 죽이려 하느냐?"

"왕이 되고 싶어서입니다."

이미 성자의 반열에 든 빔비사라는 왕위에 대한 욕심이 없었다. 어차피 물려줄 것이면 시기를 앞당기는 것도 괜찮겠다 생각하고는 아들에게 말했다.

"왕자야, 이제부터 이 왕국은 너의 것이다."

빔비사라는 아들에게 왕위를 넘겨주었다. 왕위를 넘겨받은 아자따삿뚜는 아버지를 감금하였고, 결국에는 스스로 죽게 하였다.

술 취한 코끼리를 감화시키다

아자따삿뚜가 사실상 아버지를 죽였다는 소식을 들은 데와닷따는 붓다를 죽일 계획을 세웠다. 그는 아자따삿뚜에게 암살자들을 보내 달라고 청했다. 그는 1명의 암살자에게 붓다를 죽인 후 정해진 길을 따라오라고 했고, 2명의 암살자에게 돌아오는 1명을 죽이라고 했으며, 4명의 암살자에게 앞서간 2명의 암살자를 죽이라고 했고, 8명의 암살자에게 앞서간 4명의 암살자를 죽이라고 했으며, 다시 16명의 암살자에게 앞서간 8명을 죽이고 돌아오라고 했다.

그러나 첫 번째 암살자가 붓다에게 다가갔다가 붓다의 가르침을 받고 성자의 반열에 들었으며, 다른 이들도 모두 붓다를

붓다의 신화

만나서 수다원과를 증득하였다. 첫 번째 암살자가 데와닷따에게 가서 말했다.

"부처님은 세상에서 가장 강한 사람이었습니다. 누구도 부처님을 죽일 수 없습니다."

데와닷따가 말했다.

"됐다. 내가 직접 부처님을 죽이겠다."

데와닷따는 영취산 아래쪽에서 걷고 있는 붓다를 향해 높은 곳에서 큰 바위를 굴렸다. 그때 두 개의 돌기가 갑자기 땅에서 솟아 나오더니 붓다에게 굴러오는 바위를 멈춰 세웠다. 천신들이 붓다를 보호한 것이었다. 바위에서 파편 하나가 날아와 붓다의 발에 상처를 입혔을 뿐이었다.

붓다를 향한 데와닷따의 공격은 멈추지 않았다. 데와닷따는 아자따샷뚜왕의 코끼리 날라기리(Nalāgiri)에게 술을 먹인 후 붓다가 지나가는 시간에 맞추어 코끼리 몰이꾼들로 하여금 날라기리를 화나게 하라고 시켰다. 성난 날라기리와 붓다의 한판 승부가 펼쳐진다는 소문을 들은 사람들이 한판 승부를 보기 위해 라자가하 성안으로 구름떼처럼 몰려왔다.

새벽이 되자 붓다는 라자가하와 인근 승원의 비구들을 모두 불러 모아 함께 성안으로 들어갔다. 술에 취한 날라기리가 붓다를 향해 맹렬한 기세로 달려오고 있었다. 비구들이 붓다에게 말했다.

"세존이시여, 저 날라기리는 사납고 악독하기로 유명합니다. 저 코끼리는 부처님과 가르침과 승가가 얼마나 위대한지 알지 못합니다. 부디 몸을 피하시옵소서."

그때 군중 속의 한 여인이 안고 있던 아이를 떨어뜨렸다. 아이가 자지러지게 우는 소리를 들은 코끼리가 갑자기 아이를 향해 돌진하기 시작했다. 이때 붓다는 날라기리가 들을 수 있도록 신통력을 써서 말했다.

"날라기리야, 사람들이 너에게 술을 먹인 것은 나를 죽이기 위해서이다. 어린아이에게 가지 말고 나에게 오너라."

날뛰던 날라기리가 붓다의 음성을 듣고 갑자기 온순해졌다. 그는 서서히 붓다에게 다가와 공손한 자세로 앉았다. 붓다가 말했다.

"날라기리야, 사람을 해치지 말아라. 모든 살아 있는 것을 향해 자비심을 가지도록 해라."

붓다는 오른손으로 코끼리의 이마를 만져 주었다.

데와닷따는 우리 각자의 내면에도 있다

붓다를 죽이려는 데와닷따의 무모한 시도는 이렇게 해서 모두 실패로 돌아갔다. 붓다의 전생을 담은 기록 『자따까』에 따르면 데와닷따의 무모하고 어리석은 시도는 세세생생 계속되었다.

한번은 보살이 사자로 태어났을 때 데와닷따의 전생인 자칼이 사자에게 먹이가 있는 곳을 알려 주는 대가로 고기를 나누어 달라고 요청했다. 자칼이 장성하자 자신도 사자와 함께 코끼리 사냥에 나서겠다고 요구했다. 사자가 마지못해 승낙하자 자칼은 무모하게 코끼리에게 달겨들다 밟혀 죽고 말았다.

데와닷따는 붓다의 가르침을 듣고서도 탐욕 때문에 무모한 시도를 감행했다. 붓다의 생애에 실패란 없었는데, 가까운 혈연을 바른길로 인도하지 못한 것은 뼈아팠다. 어떤 영웅에게도 100%란 있을 수 없는 일인가 보다. 하기야 100%가 가능했다면 붓다 시대에 이미 온 나라 사람들이 불자였을 것이다. 붓다 시대에도 데와닷따 같은 악인이 있었을진대, 어느 시대 어느 곳에서건 데와닷따가 있을 수 있고, 심지어는 우리 각자의 내면에 이미 데와닷따가 있을 수 있음을 경계해야 한다.

28

자기 이익도
못 챙기는
바보 이기주의자

이기주의자가 손해를 감수하는 이유

머리가 둘이고 몸이 하나인 새가 있었다. 아니 두 마리의 새가
하나의 몸을 공유하고 있었다고 해야 옳다. 한 마리(머리)의 이름
은 가루다였고, 또 한 마리(머리)의 이름은 우바가였다. 어느 때
우바가가 잠들어 있었고, 가루다는 깨어 있었다. 마두가나무에
서 꽃이 한 송이 떨어지자 가루다는 생각했다.

　'저 맛있고 향기로운 마두가 꽃을 내 입으로 먹더라도 우리
는 한 몸이기 때문에 나와 우바가가 함께 기갈을 면하게 되고
기운을 얻게 되리라. 나와 우바가를 위해서 저 맛있고 향기로운
마두가 꽃을 먹어야겠다.'

　　　　　　　　　　　　　　　　　　　　붓다의 신화

가루다는 자신과 우바가를 위해 마두가 꽃을 섭취했다. 향기롭고 미묘한 기운에 잠을 깬 우바가는 가루다에게 물었다.

"내 뱃속에서 맛있고 향기로운 기운이 올라오는구나. 어찌된 일이냐?"

"네가 잠들어 있을 때, 내 머리 옆으로 마두가 꽃 한 송이가 떨어졌다. 이에 나는 이 꽃을 내 입으로 먹더라도 우리는 한 몸이므로 너와 내가 함께 기갈을 면하게 되고 기운을 얻게 될 것이라고 생각했다. 그래서 나는 너의 단잠을 깨우지 않고 그 꽃을 먹었다."

우바가는 화가 났다.

'맛있는 것을 얻고서 내게 알리지 않고 혼자서 먹었단 말이지. 반드시 앙갚음을 해야겠다.'

어느 날 가루다가 잠들어 있을 때 홀로 깨어 있던 우바가는 가루다에게 앙갚음을 하기 위해 일부러 독초를 먹었다. 독초를 먹으면 자신도 죽는다는 것을 알고 있었지만, 가루다에게 앙갚음하고 싶다는 마음뿐이었다. 몸을 공유하고 있던 가루다와 우바가는 함께 죽고 말았다.

『불본행집경』에 등장하는 이 이야기에서 가루다는 붓다의 전생이고, 우바가는 데와닷따의 전생이다. 바보 같은 이기주의자들은 우바가와 같다. 바보 이기주의자들은 자신의 이익을 챙기고 남에게는 손해를 끼친다고 생각하지만, 남에게 손해를 끼치는 것이 자신에게도 손해라는 것을 잘 모르거나, 손해라는 것을 알면서도 남에게 손해를 끼치고 싶은 욕망과 분노 때문에 자신에게도 해로운 일을 저지르는 것이다.

승단을 분열시키기 위한 데와닷따의 제안

마가다국 사람들 사이에 데와닷따가 아자따삿뚜왕을 이용하여 스승을 죽이려 했다는 소문이 널리 퍼지자, 데와닷따는 설 자리가 없어졌다. 데와닷따의 야욕을 확인한 아자따삿뚜는 붓다에게 귀의하였고, 데와닷따에게 음식을 보내는 일을 그만두었으며, 웬만해선 거르지 않던 문안 인사도 하지 않았다. 데와닷따가 탁발을 나와도 마을 사람들은 음식을 보시하지 않았다. 궁지에 몰린 데와닷따는 자기 깐에는 신묘한 방안을 생각해 냈다. 그는 붓다를 찾아가 말했다.

"부처님, 우리 승단이 커지면서 비구들이 점점 나태해지고 있습니다. 이에 저는 승가의 질서를 바로잡기 위해 다음과 같은 율법을 제안합니다."

첫째, 평생토록 숲속에서만 생활하고 사원에서 살아서는 안 된다.

둘째, 오직 탁발을 통해 얻은 음식만을 먹어야 한다. 공양청을 통해 재가자의 집에서 음식을 먹는 것은 범계 행위가 된다.

셋째, 분소의나 남들이 입다 버린 누더기로만 가사를 만들어 입어야 한다. 재가자가 새 천으로 만들어 준 의복을 입으면 범계를 저지른 것이다.

넷째, 나무 아래서만 머물러야 한다. 지붕이 있는 집에서 자는 것은 범계 행위다.

다섯째, 어떤 경우에도 고기와 생선을 먹어서는 안 된다.

언뜻 그럴듯하게 들리는 제안이었다. 데와닷따는 붓다의 반대가 있으면 그것을 이용하여 이익을 챙겨 보겠다는 심산이었지만, 결국은 이익이 아니라 치명적인 독이었다. 붓다는 데와닷따의 제안을 듣고 말했다.

"데와닷따여, 비구들은 자신의 건강 상태에 따라 숲속 은둔지나 마을 근처 승원에서 생활할 수 있다. 탁발을 통해 공양하는 것이 원칙이지만, 공양청에 의해 대중공양을 받는 것도 괜찮다. 분소의든 재가자가 보시한 가사든, 삿된 욕망에 따른 것이 아니라면 무방하다. 나는 이미 비구들이 1년 중 8개월 동안은 나무 밑에서 기거하는 것을 허락했다. 비구들이 자신을 위해 잡은 짐승의 고기나, 잡는 것을 본 짐승의 고기나, 잡는 소리를 들은 짐승의 고기가 아니면, 고기도 먹는 것을 허락하였다. 데와닷따여, 그런 일에 마음 쓰지 말고 오직 바른 견해로 바르게 수행하는 것에 몰두하여라."

만약 붓다가 데와닷따의 제안을 받아들여 엄격한 계율을

적용했다면 불교는 세계적인 종교가 될 수 없었을 것이다. 붓다는 최대한 많은 사람들이 불법의 바다에 들어와서 진정한 자유를 찾기를 바랐기 때문에 지나치게 엄격한 계율은 곤란하다고 생각했다. 열반 직전에 붓다가 아난다 존자에게 소소한 계율은 폐지해도 좋다고 말한 것이 이를 증명한다. 시대와 환경이 달라지면 지킬 수 없는 계율이 있다는 것을 붓다는 알고 있었다.

데와닷따는 고행을 좋아하는 인도의 수행자들이 강경한 수행 노선에 속을 수 있다는 것을 알고 있었다. 붓다가 고행도 쾌락도 아닌 중도를 통해 바른 깨달음에 이르는 훌륭한 방법을 가르쳤으나, 데와닷따는 오히려 '수행이란 모름지기 고행이어야 한다.'라는 초심자들의 고정 관념을 자신의 명예와 이익을 위해 활용한 것이었다. 그러나 그것은 가루다와 한 몸을 공유하고 있는 우바가가 가루다를 죽이기 위해 독초를 먹은 것과 같은 행위였다. 가루다와 우바가가 공유한 몸은 곧 승가와 다름없었다.

데와닷따, 독자적으로 포살 의식을 진행하다

붓다가 자신의 제안을 거절하자 데와닷따는 오히려 회심의 미소를 지었다. 그는 젊은 비구들과 지혜가 부족한 비구들을 만날 때마다 말했다.

"고따마의 수행 방법으로는 궁극적인 진리에 도달하는 것이 요원하다. 우리는 더 강력하게 수행해야 한다. 그런데 고따마는 내가 주장하는 다섯 가지 율법을 거부했다. 이제 나와 함께 제대로 된 수행의 길을 가 보지 않겠는가?"

이렇게 말하며 데와닷따는 출가한 지 얼마 되지 않은 초심자들과 수행에 진전이 없어 실망하고 있는 수행자들을 유혹했다. 그들은 강력하고 철저한 율법의 길에 대한 기대감으로 데와닷따를 따랐다. 그가 승단 분열을 획책하고 있다는 소식을 들은 붓다는 데와닷따를 만나 조용히 타일렀다.

"데와닷따여, 그대가 하는 일은 옳지 않다. 승단의 불화를 야기하는 자는 일 겁 전체에 지속되는 죄를 범한 것이 되어, 일 겁 동안 지옥에서 온갖 고초를 겪을 것이다. 반대로, 불화하는 승단의 화합을 회복한 자는 일 겁 동안 천상의 삶을 누리게 된다. 부디 승단의 분열을 획책하지 마라."

그러나 데와닷따는 자신의 계획을 포기하지 않았다. 데와닷따는 거리에서 만난 아난다 존자에게 이렇게 말했다.

"아난다여, 오늘부터 나는 나를 따르는 비구들과 따로 포살 의식을 행할 것이다."

독자적으로 포살 의식을 진행하는 자리에서 데와닷따는 말했다.

"비구 고따마는 무집착으로 이끄는 다섯 가지 율법을 거부했소. 나와 나를 따르는 비구들은 우리를 진리의 길로 인도할 율법을 따를 것이오. 이 율법에 찬성하는 비구들은 나를 따르시오."

주로 왓지국 출신의 젊은 비구 오백 명이 데와닷따를 따랐다. 데와닷따는 그들과 함께 가야산으로 갔다. 이 소식을 들은 붓다는 사리뿟따와 목갈라나 존자를 불렀다.

"그대들은 어찌 그리 동정심이 없는가? 신참 비구들이 잘못된 길을 가고 있음에도 만류하지 않았단 말인가? 어서 그들에게 가서 그들을 정신적인 파멸로부터 구하도록 하라."

수다원이 된 오백 명의 비구들, 되돌아오다

데와닷따는 추종자들을 모아 놓고 강의하던 중에 멀리서 사리뿟따와 목갈라나가 오고 있는 것을 보았다. 오백 명의 비구들이 자신을 따르는 것에 크게 고무되어 있었던 데와닷따는 젊은 비구들에게 말했다.

"비구들이여, 고따마의 상수제자 사리뿟따와 목갈라나가 이리로 오고 있다. 바야흐로 새로운 세계가 열리고 있음이다. 박수로 맞이해 주기를 바란다. 어서 오십시오, 위대한 수행자들이시여! 이제 나와 함께 새로운 개념의 승가를 건설해 봅시다."

데와닷따는 두 장로에게 자신의 양옆에 앉기를 권했으나, 두 장로는 거부하고 다른 적당한 자리에 앉았다. 젊은 비구들을 향해 오래도록 열변을 토하던 데와닷따는 잠시 멈추고 사리뿟따와 목갈라나 존자에게 말했다.

"오래도록 강의했더니 몹시 피곤하오. 이제부터는 나를 대신해서 존자들이 비구들을 지도해 주시오. 나는 잠시 등을 바닥에 대고 눈을 붙여야겠소."

목갈라나 존자는 승가를 분열시킨 이는 지옥에 떨어져 엄청난 죄과를 치른다는 것을 신통력으로 보여 주었고, 사리뿟따 존자는 피해야 할 것과 따라야 할 것을 설했다.

> 비구들이 따라야 할 것은 엄격한 율법에 얽매이는 것이 아니오. 부처님은 고기를 먹는 것이 비린 것이 아니라, 욕망을 억제하지 않고 맛있는 것을 탐내며 부정한 생활에 어울리며 허무론으로 바르지 못한 행동을 하는 완고함과 어리석음이 비린 것이라 하셨소. 더 이상 바르지 못한 법에 속지 마시고, 감각을 지키고 다스리며, 바르고 솔직한 것을 즐기고, 집착을 떠나 고통을 버리는 길을 가기 바라오.
>
> - 『숫따니빠따』「비린 것(Āmagandha-sutta)」

사리뿟따 존자의 설법을 들은 비구들은 모두 수다원과를 증득하였다. 성자의 반열에 든 그들은 데와닷따가 삿된 견해로 자신들을 유혹했음을 명확하게 깨달았다. 사리뿟따 존자와 목갈라나 존자는 오백 명의 비구들과 함께 새처럼 하늘을 날아서 죽림정사에 사뿐히 내려앉았다.

데와닷따의 때늦은 뉘우침과 때 이른 죽음

오백 명의 추종자들이 날아서 죽림정사로 돌아갔다는 소식을
들은 데와닷따는 중병에 걸렸다. 그의 병은 아홉 달 동안 계속되
었다. 그는 측근 제자들에게 말했다.

"부처님을 뵙고 싶다. 부처님을 뵐 수 있게 해 다오."

"스승님, 스승님은 건강하실 때 부처님을 원수로 생각하지
않으셨습니까? 저희들은 스승님을 부처님께 모셔 갈 용기가 나
지 않습니다."

"제자들이여, 나를 파멸로 몰아넣지 마라. 나는 부처님께 악
의를 품었지만 부처님은 털끝만큼도 나를 미워하지 않는다."

데와닷따가 계속해서 간청하자 제자들은 데와닷따를 가마
에 태우고 당시 붓다가 머물고 있던 기원정사를 향해 길을 나섰
다. 이 소식을 비구들이 붓다에게 전하자 붓다는 "데와닷따가
참회한 것은 다행이지만, 그는 나를 결코 볼 수 없을 것이다."라
고 말했다.

기원정사 근처 연못에 이르렀을 때 데와닷따가 가마를 세
웠다.

"잠깐, 여기서 목욕을 하고 가자꾸나."

붓다의 신화

제자들이 가마를 내려놓자, 데와닷따는 가마에서 내려 두 발을 땅에 디뎠다. 그때였다. 갑자기 두 발이 땅속으로 꺼져 들기 시작했다. 처음에는 발목까지, 다음에는 무릎까지, 다음에는 가슴까지, 다음에는 목까지, 마침내 턱뼈가 땅바닥에 닿자 데와닷따는 땅 위로 다시 올라올 가능성이 없음을 직감했다. 그는 안간힘을 다해 게송을 읊었다.

사람 가운데 가장 존귀하신 분
신들 중의 신
인간을 가장 잘 길들이시는 분
모든 것을 알고 보시는 분
과거의 공덕으로 삼십 이상을 갖추신 분
부처님께 아직 남아 있는 턱뼈와
아직 살아 숨 쉬고 있는 목숨을 바쳐 귀의합니다.

『밀린다왕문경』에 따르면, 엄청난 죄업을 저질렀음에도 데와닷따는 출가의 공덕과 마지막 참회의 공덕으로 인해 십만 대겁이 지난 뒤에 앗티사라는 이름의 벽지불이 될 것이라고 한다.

데와닷따는 자신의 이익을 위해 붓다를 배반했지만, 그것이 자신에게 이익되는 일이 아니라는 것을 깨달았을 때는 이미 늦은 후였다. 자기 자신만 생각하는 이는 오히려 이기주의자가 아니다. 그는 끝끝내 이익을 챙기지 못하고 데와닷따처럼 자신과 자신이 속한 집단을 파멸시키고 말 것이다. 어리석은 이기주의 자는 자신의 욕망과 분노를 살찌우는 것을 이익이라고 착각한 다. 이기주의도 제대로 해야 이익을 챙길 수 있다.

29 붓다의
마지막 제자,
수밧다

붓다는 최후의 순간까지 교화를 멈추지 않았다. 입적하는 당일까지 제자를 위한 교화를 멈추지 않은 붓다의 열정은 참으로 흉내 내기도 힘든 일이다. 이는 회사의 대표가 노환으로 세상을 떠나는 날까지 근무한 것과 한가지이다.

붓다가 반열반한 날, 붓다를 찾은 마지막 제자가 있었다. 그는 수밧다(Subhadda)라는 유행승(遊行僧)이었다. 『니까야』에는 수밧다의 나이가 나와 있지 않지만, 「유행경(遊行經)」에는 120살이었다고 전한다. 당시 꾸시나라에 머물고 있던 수밧다는 붓다가 오늘 밤 사라쌍수 아래서 반열반한다는 소식을 들었다.

수밧다는 붓다가 미가다야에서 처음으로 법륜을 굴릴 때 가장
먼저 깨달음을 얻고 출가한 꼰단냐 존자와 전생의 형제였다고
한다.

때는 위빳시 붓다 시대였다. 마하깔라와 쭐라깔라 형제는
넓은 땅에 농사지으며 사이좋게 살고 있었다. 어느 날 쭐라깔라
가 논에 나가 벼 한 알을 입에 넣고 씹어 보니 천상의 음식처럼
맛이 참으로 좋았다. 이에 쭐라깔라는 형인 마하깔라에게 가서
말했다.

"형님, 아직 조금 덜 익었지만 이 벼를 조금 베어 밥을 지어
서 부처님께 공양 올립시다."

"아우야, 지금 제정신으로 하는 말이냐? 덜 익은 벼를 일찍
베어서 좋을 일 없다. 올해 농사를 망치지 마라."

동생은 그래도 졸랐다.

"형님, 한 톨 드셔 보십시오. 맛이 기가 막힙니다. 이렇게 좋
은 맛일 때 공양 올리고 싶습니다. 뭐든 가장 먼저 수확한 것을
부처님께 공양하라고 들었습니다."

동생이 계속 졸라대자 형이 말했다.

"좋다. 논을 둘로 나누자. 내 논은 손대지 마라. 네 몫은 네가
하고 싶은 대로 해라."

"예, 형님. 고맙습니다, 그렇게 하겠습니다."

쭐라깔라는 논을 둘로 나누고 벼를 베고 추수해서 쌀을 찧었다. 그는 쌀에 우유와 버터, 꿀, 설탕을 넣고 밥을 지어 붓다와 스님들에게 공양을 올렸다. 붓다가 공양을 마치자 그는 자신의 서원을 말했다.

"부처님이시여, 처음으로 수확한 곡식으로 밥을 지어 공양 올린 공덕으로 가장 먼저 부처님의 가르침을 깨닫기를 원합니다."

"그렇게 될 수 있도록 정진하여라."

이 공덕으로 쭐라깔라는 석가모니 붓다 시대에 꼰단냐로 다시 태어나 가장 먼저 깨달음을 얻었다고 한다. 그러나 형인 마하깔라는 벼가 완전히 익은 다음 마지막으로 공양을 올렸다. 그 과보로 형은 석가모니 붓다 시대에 외도로 전전하다가 붓다가 반열반하는 날에야 그를 찾아뵙고 귀의하게 되었다.

아라한이 된 붓다의 마지막 제자

수밧다는 마음이 급했다. 붓다가 예상보다 일찍 반열반하게 되면 자신은 결국 이 좋은 기회를 놓치고 마는 것이었다. 붓다를 향해 다가가려는 수밧다를 아난다가 막아섰다.

"존자시여, 지금 부처님께서는 몹시 피로하십니다. 쉬셔야 합니다."

"부탁합니다, 존자시여. 부처님을 뵙도록 해 주십시오."

수밧다는 세 번이나 아난다 존자에게 호소했지만, 아난다 존자는 끝내 거절하였다. 그때 붓다가 두 사람의 대화를 듣고 아난다 존자를 불렀다.

"아난다여, 수밧다를 이리 가까이 오게 하라."

가까이 다가온 수밧다는 붓다에게 여쭈었다.

"고따마 존자시여, 뿌라나 깟사빠·막칼리 고살라·아지따 께사깜발라·빠꾸다 깟짜나·산자야 벨랏티뿟따·니간타 나따뿟따 같은 육사외도들이 모두 자기가 주장하듯이 최상의 지혜를 가졌습니까? 아니면 그들 중 어떤 자는 최상의 지혜를 가졌고 어떤 자는 가지지 못했습니까?"

붓다는 모든 것에 대해 자세히 설명하는 것은 이익도 없고, 또 그러기에는 남은 시간이 너무 짧다고 생각하였다.

"수밧다여, 지금 그 문제를 논의하는 것은 무의미하다. 이제 그대를 위해 깊고 묘한 법을 설할 것이니 잘 듣고 마음에 새기도록 하여라."

붓다는 팔정도에 대해 설명했다.

"수밧다여, 어떤 법과 율에서든 여덟 가지 성스러운 도가 없으면 거기에는 사문이 없다. 다시 말하면 여덟 가지 성스러운 도가 없으면 수다원, 사다함, 아나함, 아라한 등 성자가 될 수 없다. 이 법과 율에는 여덟 가지 성스러운 도가 있다. 비구들이 이 법과 율 속에서 바르게 수행한다면, 세상에는 아라한들이 끊이지 않을 것이다."

수밧다는 다시 붓다에게 여쭈었다.

"부처님이시여, 허공에 자국이 남을 수 있습니까? 부처님 법 밖에서 번뇌를 제거한 사문이 있습니까? 유위법은 영원합니까?"

붓다는 게송으로 대답하였다.

허공에는 흔적이 없고
붓다의 가르침 밖에서 바르게 깨달은 사문은 없네.
사람들은 사량 분별 속에서 헤매지만
붓다에겐 사량 분별이 없느니라.

허공에는 흔적이 없고
붓다의 가르침 밖에서 바르게 깨달은 사문은 없네.
유위법 중에 영원한 것이 없나니
붓다는 사량 분별에 흔들리지 않느니라.

- 『법구경』 254~255송

이 게송 끝에 수밧다는 아나함이 되었고, 붓다에게 출가를 청한다.

"부처님이시여, 진실로 뛰어나십니다. 참으로 뛰어나십니다. 마치 뒤집힌 것을 바로 세우고, 덮여 있는 것을 벗겨내고, 모르는 자에게 길을 안내하는 것 같습니다. 어둠 속에서 기름등을 켜 눈 있는 자라면 색을 보게끔 부처님께서는 그와 같이 여러 단계로 법을 드러내셨습니다. 부처님, 저는 부처님께 귀의하오며 교법과 비구 승단에 귀의하옵니다. 부처님 곁에서 출가하여 구족계를 받고 싶습니다."

"수밧다여, 외도였던 자가 출가하려면 그는 4개월의 예비 과정을 거쳐야 하느니라. 4개월이 지나면 비구가 되는 구족계를 주느니라. 여기에는 물론 사람에 따라 차별이 있느니라."

"부처님, 다른 가르침 아래 있었던 사람이 이 교법과 계율에서 출가하기 위해서는 4개월의 예비 과정을 거쳐야 한다면, 저는 4년의 예비 과정을 거치겠습니다. 4년이 지난 뒤 부처님의 제자들께서 저에게 구족계를 주셔도 좋습니다."

붓다는 아난다 장로를 불러 말했다.

"아난다여, 수밧다를 출가시켜라."

구족계를 받은 수밧다 장로는 홀로 떨어져 열심히 노력하며 지냈다. 그리하여 오래지 않아 최고의 목적인 청정한 수행의 완성을 잘 알고 똑똑히 보아 구족하여 지냈다. 그는 '나의 생은 다하였고, 청정한 수행은 이미 섰으며, 해야 할 바를 다하였고, 이제 다시 받을 생은 없다.'라고 잘 알았다. 수밧다 장로는 아라한들 가운데 한 명이 되었고, 그는 붓다가 마지막으로 교화한 제자였다.

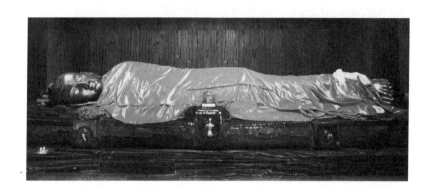

「붓다 열반상」
길이 6m의 열반상이다, 인도 쿠시나가르 열반당.

우리에게 가장 중요한 삶의 자세는 '성실'

붓다는 이처럼 마지막까지 최선을 다해 제자들에게 적절한 가르침을 베풀었다. 붓다의 열반 이후 제자들에게 의문 난 일이 있을 때마다 가르침을 베풀던 스승은 없게 되었다. 그렇다면 제자들은 어떻게 살아야 하는가? 붓다의 마지막 가르침에 그 해답이 간명하게 제시되었으니, 붓다의 열반을 통해 우리는 이 가르침을 깊이 명심해야 할 것이다.

"비구들이여, 참으로 이제 그대들에게 당부하노니, 형성된 것들은 소멸하기 마련인 법이다. '방일하지 말고 해야 할 바를 모두' 성취하라!"

붓다의 유훈은 한마디로 '성실(방일하지 않음)'이다. 붓다는 가르쳐야 할 모든 것을 이미 가르쳤기 때문에, 제자들로서는 그 가르침을 실천하는 데 방일하지 않으면 되는 것이다. 붓다를 직접 뵙지는 못했지만, 붓다의 제자임이 분명한 우리도 마찬가지로 방일하지 않고 정진해야 할 것이다.

나오며

언젠가 개신교인 한 분이 지하철역에서 열차를 기다리는 내게 접근하여 이렇게 물었다.

"부처님은 인간이시죠?"

"예, 그렇습니다만."

"예수님은 신의 아들입니다. 신과 인간 중에서 누가 더 높습니까?"

그러자 내가 말했다.

"부처님은 인간이시지만, 신들보다 더 위대하십니다. 부처님이 가시는 곳이 어디든 신들이 가시는 곳마다 호위하였고, 부처님께서 하시는 일마다 신들이 도왔습니다. 신들은 부처님의

298   붓다의 신화

조력자이자 제자였습니다."

어느 나라에나 신들의 이야기는 있다. 신들은 인간보다 한 차원 높은 곳에서 인간을 다스리거나 함께 살았다. 그러나 인간이 신들을 가르치면서 함께 살았다는 이야기는 드물다.

붓다의 신화는 붓다가 신적인 존재임을 말하는 이야기가 아니다. 붓다가 가는 길에는 늘 신들의 조력이 있었고, 신들이 늘 붓다를 모셨다는 이야기가 주를 이룬다. 다시 말해 붓다의 신화는 인간에게는 인간의 차원만이 보이지만, 보이지 않는 곳에서 신들의 활약이 있음을 말해 주고, 그 보이지 않는 세계를 존중해야 함을 말해 준다.

질베르 뒤랑(Gilbert Durand)은 '신화는 무언가를 함축하거나 설명하지만, 시공적으로 위치 결정된 프로크루스테스의 침대에 몸을 맡기지 않는다.'라고 말한다. 신화를 해석하는 데는 절대적인 방법이나 공식이 없다는 뜻이다. 그럼에도 뒤랑은 신화가 과학과 마찬가지로 보편성이라는 우유를 빨아먹는다고 지적하면서, 과학이 어떤 존재나 현상을 하나의 공리(公理), 즉 논리·수학적 당위 존재에 기대어 설명하는 데 반해, 신화는 당위 존재를 그 당위 존재의 토대가 되는 이론적 절대 존재로서의 '모델'에 기대어 참조하고 설명한다고 말한다.

절대 존재로서의 '모델'이란 무엇인가? 그것은 인간이 근본적이면서 이상적으로 도달하고자 꿈꾸는 대상이다. 그 모델은 인간의 정신세계가 발달할수록 더 정교해지고 복잡해지고 수승해지는데, 그 최고가 바로 붓다이다.

붓다 이전의 신화 속 영웅의 모델은 대단히 힘이 세거나 지략이 뛰어난 자이며 강력한 적을 물리칠 수 있는 지극히 용감한 자이다. 예를 들면, 그리스의 헤라클레스나 테세우스나 오디세우스, 북유럽의 시구르드나 토르, 인도의 라마나 크리슈나, 아르주나 등이다. 한편으로는 전지전능한 유일신이 신화의 모델이 되는데, 기독교의 여호아나 이슬람교의 알라 등이 그들이다. 그러나 유일신이든 영웅신이든 뛰어난 이든 전지전능한 이든 실존 인물인 붓다의 수준에 도달하지 못했다.

붓다는 단순히 뛰어나거나 용맹하거나 고귀한 이가 아니다. 위대한 존재의 척도는 계정혜(戒定慧) 삼학(三學)이 될 수 있다. 즉 도덕적인 면, 마음을 얼마나 잘 다스리느냐 하는 면, 얼마나 슬기로우냐 하는 면 등이 그것이다. 아무리 힘세고 뛰어난 능력을 가졌다 해도 바르게 생각하고 바르게 말하고 바르게 행위하지 않는 이는 악마이지, 영웅이 아니다. 붓다야말로 세상의 뭇 영웅 중에서 탐욕과 분노와 어리석음으로부터 완전히 해방된 분이며, 마음이 지극히 평온한 분이며, 지극히 지혜로운 분이다. 어떤 신이나 영웅도 탐욕과 분노와 어리석음으로부터 완벽하게 자유롭지 못했음을 상기하면, 붓다의 위대함은 새삼 강조할 필요가 없다.

신화는 역사적인 사실은 아니지만 진실이다. 나는 붓다의 신화를 통해 이 진실을 읽어보고자 했다. 그리고 붓다의 신화를 통해 읽은 진실이 지극히 인간적인 붓다의 면모를 통해 읽은 진실과 다르지 않다는 것을 확인했다.

지금 나의 관심사가 다양한 이야기를 다루는 신화보다는 단순한 진실을 추구하는 수행이라는 점에서 붓다의 신화를 좀 더 풍부하게 소개하지는 못했다고 생각한다. 그럼에도 승가에 입문한 이후 줄곧 나의 화두가 되었던 '어떻게 살 것인가?' 하는 문제에 접근하는 데 이 이야기가 큰 도움이 되었다. 그래서 월간 『불광』에 연재하던 3년은 수행자의 바른길을 모색하는 귀중한 시간이었다.

연재하는 동안 편집기자로서 또는 편집장으로서 인연 맺은 최호승, 양민호, 송희원, 김남수 법우님, 그리고 이 책의 출간을 위해 애써 주신 류지호 대표님, 정유리 편집자님께도 엎드려 감사의 인사를 올린다.

2025년 봄
동명 합장

참
고
문
헌

- 『과거현재인과경(過去現在因果經)』
- 『근본설일체유부비나야(根本說一切有部毘奈耶)』
- 『금강경(金剛經)』
- 『대지도론(大智度論)』
- 『디가니까야(Dīgha Nikāya)』「대전기경(Mahāpadanasutta)」
- 『라마야나(Ramayana)』
- 『마하바라타(Mahābhārata)』
- 『마하박가(Mahāvagga)』
- 『맛지마 니까야(Majjhima Nikāya)』「깐다라까 경(Kandaraka-sutta)」,
  「브라흐마유 경(Brahmāyu-sutta)」,「셀라의 경(Selā-sutta)」,
  「삿짜까에게 설하신 큰 경(Mahāsaccaka-sutta)」,
  「앙굴리말라 경(Aṅgulimāla-sutta)」
- 『법구경(法句經)』
- 『불본행집경(佛本行集經)』
- 『사분율(四分律)』

붓다의 신화

- 『선가귀감(禪家龜鑑)』
- 『숫따니빠따(Sutta-nipata)』「날라까의 경(Nālaka-sutta)」, 「비린 것(Āmagandha-sutta)」, 「출가의 경(Pabbajjā-sutta)」
- 『아사세왕수결경(阿闍世王授決經)』
- 『앙굿따라 니까야(Aṅguttara Nikāya)』「자기학대 경(Attantapa-sutta)」
- 『오분율(五分律)』
- 『와이로짜나 자따까(Virocana Jātaka)』
- 『자따까(本生經)』
- 『장아함경(長阿含經)』「대본경(大本經)」, 「유행경(遊行經)」
- 『잡아함경(雜阿含經)』「적경(賊經)」
- 『증일아함경(增一阿含經)』「역품(力品) 6」
- 『천수천안관세음보살광대원만무애대비심다라니경(千手千眼觀世音菩薩廣大圓滿無导大悲心陀羅尼經)』
- 『현우경(賢愚經)』「빈녀난타품(貧女難陁品)」
- 대한불교조계종 교육원 부처님의 생애 편찬위원회, 『부처님의 생애』, 조계종출판사, 2023.
- 동국대학교 역경원 엮음, 『불본행집경』, 동국역경원, 1994.
- 라이너 마리아 릴케, 『형상시집(Das Buch der Bilder)』, 김재혁 역, 책세상, 1994.
- 마명, 『붓다차리타』, 김달진 역, 문학동네, 2008.
- 무념·응진, 『법구경 이야기: 법구경 주석서』, 옛길, 2008.
- 밍곤사야도 엮음, 『마하 붓다완사(1): 부처님의 생애』, 범라 편역, 위빠싸나출판사, 2004.
- 불전간행회 편역, 『밀린다왕문경』, 이미령 역, 민족사, 2000.
- 아슈바고샤, 『부처님, 이렇게 오셔서 이렇게 사시다 이렇게 가셨네』,

정태혁 역, 여시아문, 1998.

- 와타나베 쇼코, 『붓타 석가모니: 그 생애와 가르침』, 법정 역,
  동쪽나라, 2002.

- 일창, 『부처님을 만나다: 빠알리 성전을 통해 본 부처님 일생』, 이솔,
  2012.

- 자현, 『붓다 순례: 현대적으로 새롭게 해석한 인간 붓다의
  위대한 발자취』, 불광출판사, 2014.

- 정안, 『밀린다왕 문경』, 우리출판사, 1999.

- 조민기, 『부처님의 십대제자: 경전 속 꽃미남 찾기』,
  맑은소리 맑은나라, 2016.

- 질베르 뒤랑, 『신화비평과 신화분석』, 유평근 역, 살림, 1998.

- 호진·지안, 『성지에서 쓴 편지: 붓다처럼 걸어간 1600리 길,
  그 위에서 나눈 묵상』, 불광출판사, 2015.

- Thomas Stearns Eliot, 「The Waste Land」, 1922.

붓다의 신화